Moi Patricia,

double endeuillée

par suicide

Patricia Tricoire

Moi Patricia, double endeuillée par suicide

Témoignage

En application de l'art. L.137-2.-I. du code de la propriété intellectuelle, toute reproduction et/ou divulgation de parties de l'œuvre dépassant le volume prévu par la loi est expressément interdite. © Patricia Tricoire, 2025 Édition :

BoD · Books on Demand, 31 avenue Saint-Rémy, 57600 Forbach, bod@bod.fr Impression : Libri Plureos GmbH, Friedensallee 273, 22763 Hamburg (Allemagne) ISBN : 978-2-3225-7779-8 Dépôt légal : Juin 2025

A Jean Jacques, mon Amour,

A Julien et Marylou, mes Trésors,

A Betty, mon Ange Gardien

Préface

Comment prendre soin de nos morts pour que les vivants vivent mieux (?)

Par le Docteur Jean-Jacques CHAVAGNAT

- Psychiatre d'adultes, d'enfants et d'adolescents dans le Pôle Universitaire de psychiatrie adulte.
- Centre Hospitalier Henri Laborit (Poitiers)
  - Responsable du Centre de Prévention du Suicide constitué de
  - VigilanS Poitou-Charentes
  - 3114 Poitou-Charentes-Limousin
  - Consultation de deuils complexes
  - Groupe de parole pour endeuillé(e)s par suicide
- Membre de l'Observatoire National du Suicide
- Ancien Président de la Fédération Européenne Vivre Son Deuil
- Ancien Président National du Groupement d'Etudes et de Prévention du Suicide.

Nos morts méritent d'exister ! Vouloir les oublier, à marche forcée, majore les souffrances des endeuillé(e)s. N'oublions pas qu'ils ont été vivants et que nous avons partagé avec eux de nombreuses « aventures ».

Si nos morts sont, souvent plus grands morts que vivants, ce sont des êtres humains avec leurs « qualités » et leurs « défauts ». Le point majeur, c'est l'amour que l'on a pour eux. Nous ne pouvons plus montrer notre amour par des gestes physiques, mais par des attitudes plus symboliques.

Patricia TRICOIRE montre bien, avec beaucoup de sincérité son chemin de deuil. Celui-ci se poursuivra toute sa vie avec des moments plus douloureux, lors des anniversaires qui s'échelonnent tout au long de l'année. Au début, c'est la plaie ouverte du manque qui entraine une souffrance insupportable. Puis, nous pouvons nous apercevoir que le manque se poursuit, mais qu'il peut devenir supportable grâce à l'exaltation de nos sens.

Patricia TRICOIRE met, en premier, l'écoute : « l'écoute des autres, mais surtout de soi ». Prendre soin de soi est indispensable pour continuer à prendre soin de nos chers disparus.

Pendant, les premiers temps du deuil, nous étions sourds, muets ou criants, ou aveugles. Au fur et à mesure du temps, les bruits, les sons, la musique réapparaissent.

Il en est de même pour la vision : « j'ai appris à voir, autrement, à m'attarder sur la beauté de la nature », nous dit Patricia TRICOIRE. Le monde animal apporte beaucoup d'apaisement et d'interactions positives. Ces animaux de compagnie nous aident et nous essayons de leur faire vivre une vie la plus agréable possible. Ils peuvent même être « des messagers entre le monde terrestre et le spirituel ».

Les oiseaux ont longtemps été considérés comme des augures que nous espérons bonnes : « Un ressenti inexplicable m'envahit. Je sais que je suis en communion avec une force inconnue, je suis en chemin » explique Patricia TRICOIRE.

Tout ceci peut permettre d'atténuer la douleur du manque, les sentiments d'impuissance, de culpabilité et l'interrogation taraudante du « Pourquoi ».

C'est, à la fois, pourquoi a-t-il fait ça ? Pourquoi nous a-t-il fait ça ? Pourquoi nous a-t-il abandonné ?

C'est en puisant en soi, en s'aimant mieux que l'on peut aimer mieux celui qui n'est plus là physiquement, mais qui est si présent psychiquement, ou en photographie, voire même par ses vêtements et son parfum. Alors, ça ne déchire plus le cœur, ça l'apaise.

Grâce à « un grain de folie » dit-elle, Patricia TRICOIRE alimente son « instinct de survie ». Nous dirions plutôt que cela aide à exprimer ses ressentis. La poésie, les travaux manuels créatifs ou l'ouverture aux autres vont permettre de retrouver un sens à sa vie sans risquer d'oublier ceux qui sont tant aimés, mais absents physiquement.

Sa fille Marylou lui apporte beaucoup, mais elle la soutient de tout son amour. Ce couple s'encourage et s'aide.

Toutes les deux continuent de se faire accompagner par certains proches et par un soutien médico-psychologique.

Nous aimerions conclure en insistant sur le fait que l'histoire d'une vie ne s'arrête pas avec la mort. Ce n'est jamais terminé. Certains disent : « j'ai peur de l'oublier ! » Cela est impossible. Cet être cher décédé va vivre en nous, endeuillé(e), une autre vie. Il continuera à exercer sur nous une influence et pourra même nous aider à vivre, et peut-être à vivre mieux.

Dr Jean-Jacques CHAVAGNAT

Partie 1

Je meurs de toi,
Je vis pour eux

Ma vie s'est arrêtée le lundi 18 décembre 2017 à 18h30 lorsque j'ai découvert Jean-Jacques, mon Amour, pendu dans le garage.

L'homme de ma vie s'est donné la mort Cri d'effroi, transfert dans un monde parallèle, hors du temps, vie transformée à jamais.

Flashback dans les ténèbres.

Je rentre de mon travail, je suis secrétaire de mairie d'une petite commune rurale au nord de la Vienne. Au passage je laisse un pantalon qu'il faut raccourcir à une couturière, pantalon qu'il ne mettra jamais.

Dix minutes de marche et j'arrive chez nous. Mon fils et sa compagne sont dans la cour. Julien est surpris que son papa et moi ne soyons pas ensemble car il n'est pas à la maison et surtout celle-ci n'est pas fermée à clé.

Nous avions convenu le dimanche qu'ils viendraient récupérer leur cadeau de Noël (avec un peu d'avance afin qu'ils puissent monter leur meuble chez eux avant les fêtes).

Fêtes de Noël qui doivent se dérouler chez nous cette année. A peu près vingt-cinq personnes le 25 décembre pour déjeuner en famille, moment de joie ...

D'ailleurs les deux grandes tables avec rallonges sont en place dans la salle à manger et le menu est en parti dans le réfrigérateur.

J'ai hâte d'arriver au 21 pour quelques jours de congés. Jean-Jacques est au chômage technique depuis quelques mois (pour licenciement arrangé) en attendant sa retraite le 1er mars 2018, retraite amplement méritée.

Mais le 18 décembre mon mari n'est pas venu au-devant de moi, non il n'est pas venu me rejoindre sur le trajet du retour mais surtout il est introuvable dans la maison. Maison laissée ouverte alors que le jour disparait progressivement.

Il y a forcément une explication, je refais le tour des pièces de la maison et puis je me dirige vers le garage. Il est peut-être en train de bricoler et n'a pas entendu les enfants arrivés.

Bascule vers l'horreur.

J'ouvre une porte du garage et la terrible vision qui s'offre à moi me fais hurler d'effroi, Julien se précipite derrière moi. Nous hurlons encore et encore puis je demande à Graziella d'appeler les secours, ce qu'elle fait immédiatement en tremblant de tous ses membres.

Nos cris ont alerté un parent d'élève qui venait récupérer son enfant à la garderie de l'école située en face de notre domicile.

Ensuite je ne sais plus très bien, je pleure, je continue à hurler à l'écart du garage pendant que Julien dépend Jean-Jacques. Moi la mère de famille, la maman, j'ai laissé mon fils de 29 ans donner les premiers secours à son papa. Regrets et culpabilité que j'aurai plus tard mais pour le moment l'horreur me met à genoux. Pendant que la personne venue à notre secours et Julien continue vainement la réanimation sur mon Amour, les secours arrivent ...

Les véhicules de Pompiers, SAMU et gendarmes sont dans la cour.

Vision floutée et fond sonore. Les secours vont dans le garage, les gendarmes nous interrogent et des personnes arrivent

Une de mes belles sœurs est je pense aussitôt sur les lieux alertée par je ne sais qui, puis ma nièce, mon neveu, deux ou trois amis et le Maire. Je ne me souviens pas de l'ordre d'arrivée ni des heures passées.

Ce dont je me souviens parfaitement en revanche, c'est d'avoir envoyé rapidement un message à ma fille Marylou en lui disant de venir tout de suite à la maison sans lui préciser la raison. Et j'ai dit et redit aux secours de la prendre en charge dès son arrivée. Elle est si proche de son papa.

Son arrivée en trombe est effroyable, elle hurle, se roule par terre et demande à voir son père. Vision qui lui sera heureusement épargnée mais qui va la culpabiliser des mois entiers, à tort bien évidemment.

Je me souviens également que ma sœur a été prévenue, à ma demande je crois, et qu'elle est arrivée avec mon beau-frère. Betty et moi avons juste deux ans d'écart et sa présence dès les premiers instants est indispensable.

La présence de curieux au contraire m'écœure. Alertée par tout ce tumulte, une voisine s'incruste dans la cour et veut rester aux premières loges, elle sera finalement éloignée.

J'ai l'impression de vivre un cauchemar tout en étant éveillée ou d'être plongée dans un film policier. Ça rentre et ça sort de la maison, on m'interroge, on interroge Julien et ma future belle-fille, encore et encore. Les gendarmes fouillent la maison à la recherche de lettres ou d'indices. On me demande d'ouvrir une chambre fermée à clé, les cadeaux de noël pour nos enfants et petits-enfants sont réunis dans cette pièce, mais rien, ni ici, ni ailleurs.

Ensuite le médecin du SAMU est entré dans la véranda et je me suis assise face à lui. Il m'a dit que c'était fini ou que mon mari était décédé, je ne sais pas les paroles qu'il a prononcé exactement. Je ne sais pas non plus si j'ai compris réellement.

Flottement et sidération.

Après encore un interrogatoire, le médecin rempli des papiers et me dit que mon époux va être emmené à Poitiers pour une autopsie. Procédure habituelle pour une mort non naturelle mais que mes enfants et moi ne sommes pas en mesure de comprendre. Comment accepter l'inacceptable, penser l'impensable, tolérer l'intolérable, vivre l'invivable.

Réveillez-nous !

Nous sommes le lundi 18 décembre, la vie de mon fils, de ma fille et la mienne est transformée à tout jamais.

Julien n'oubliera jamais qu'il a dépendu son papa et qu'il a essayé encore et encore de le réanimer. Je n'oublierai jamais cette vision d'horreur et j'entendrais toujours nos hurlements. Marylou n'oubliera jamais ce 18 décembre.

Ce maudit 18 décembre 2017,

Le désarroi.

Il fait nuit noire, le médecin du SAMU part, il me semble, Tout est confus dans ma tête. Un incroyable questionnement me traverse l'esprit. Je suis secrétaire de mairie de la connmune mais je ne pourrais absolument pas établir l'acte de décès de mon propre époux. Cest impossible ! Je n'en reviens toujours pas d'avoir posé cette question à ce moment-là.

Mon employeur me rassure rapidement sur ce point et rajoute qu'il me donne la semaine. Soudain la réalité me rattrape et entre colère et désarroi je vocifère : "c'est ça une semaine …"

Première maladresse ou ineptie d'une tierce personne.

Puis la maison se désemplie, Les amis et le maire partent, les gendarmes ont certainement suivi mais le service de secours est retardé par mes malaises.

Mon corps m'échappe, rien de grave. Et puis on nous dit qu'un service de soutien psychologique va nous appeler, Alors les pompiers et le SAMU partent à leurs tours et on va attendre …

Il reste le petit noyau familial, ma belle-sœur, ma nièce, mon neveu, ma sœur Betty, mon beau-frère, Graziella ma belle-fille, Julien, Marylou et moi Patricia, la femme de Jean-Jacques.

Je réitère mes malaises, alors mes proches rappellent les secours à plusieurs reprises et stupéfaction on leur dit que cela est normal (forcément) et qu'ils peuvent m'emmener à l'hôpital (éventuellement).

Donc débrouillez-vous. Puis la cellule psychologique n'a pas appelé, ni ce soir-là, ni jamais. Le soutien psychologique ce n'est que pour la télé ! D'ailleurs pourquoi se préoccuper d'une petite famille du fin fond de la Vienne un 18 décembre 2017.

C'est la vie ou plutôt c'est la mort …

Pour l'instant nous devons affronter le reste de la nuit. Maintenant je suis entouré de ma belle-sœur, de ma belle-fille et de mes enfants.

Graziella et Julien vont s'allonger (et non dormir) dans une chambre, Annie et Marylou dans la nôtre. Moi je m'assois sur le canapé et je pleure, je pleure …

C'est un cauchemar, je vais me réveiller mais m---- ! Je ne dors pas !

Les yeux me brûlent, je pleure encore et encore mais ce que je ne sais pas à ce moment-là c'est que je vais pleurer tous les jours durant des semaines, des mois entiers.

Ma fille adorée me rejoint, elle a certainement entendu mes sanglots. Nous nous blottissons l'une contre l'autre. Je ne sais plus si nous avons parlé, je sais simplement que nous devions nous soutenir, nous serrer l'une contre l'autre, tout comme julien devait à ce moment-là se blottir dans les bras de sa chérie.

Mes bébés, mes enfants, mes Trésors, que nous arrive-t-il ?

Jean-Jacques, mon Amour, où es-tu ?

J'ai besoin de toi, NOUS AVONS BESOIN DE TOI.

Hallucinations.

Le jour se lève ce 19 décembre 2017 et nous sommes là toujours soudés mais sidérés et soumis aux minutes, aux heures qui vont passer.

Il faut prévenir la famille au sens large et les amis, je crois que ma sœur, ma nièce Valérie et ma belle-sœur s'en sont occupées …

Puis retour des gendarmes, rebelote pour les interrogatoires mais cette fois-ci le Procureur de la République a demandé à ce qu'ils inspectent les vêtements de mon fils. A mort non naturelle, suspect potentiel ! Oui je vous rappelle que Julien a dépendu son papa (et non moi …) alors ne pouvant le retenir complétement, la chute du corps a provoqué une blessure sur le visage de Jean-Jacques,

Aberration, monstruosité, connerie de suspicion, comment penser qu'il ait pu tuer son père, le pendre. Comment imaginer une seule seconde que notre Juju ait pu faire une chose PAREILLE.

Ce sont les ordres et la procédure mais nous on s'en fout de la procédure, on veut juste que le papa, le tendre époux revienne et qu'il nous dise que c'était juste un cauchemar, que maintenant il ne nous quittera plus. Retour à la réalité.

Il n'y a pas la moindre trace suspecte sur les vêtements de notre fils et les interrogatoires semblent les satisfaire. Ils nous convoqueront ultérieurement pour signer nos dépositions. Avant de partir les gendarmes nous disent que le corps de mon mari nous sera remis après l'autopsie et sur accord du Procureur. À ce moment-là Marylou réagit et leur dit qu'il ne faut pas toucher au corps de son papa chéri. Elle les supplie encore et encore, Pour que son papa revienne il ne faut pas le toucher, ne pas lui faire de mal, il va ressusciter.

Devant sa détresse je suis complétement impuissante, je suis profondément bouleversée. En revanche, face à elle, un des gendarmes les bras croisés et les jambes écartés reste impassible. Froid, le regard fixe, il la regarde et ne répond pas. Sur le moment je n'ai pas réagi à cet inqualifiable comportement, ma préoccupation première était de rassurer ma fille. Quelques temps plus tard, elle m'a révélé son traumatisme qui la fera cauchemarder des nuits entières.

Ce même gendarme avait interrogé mon fils la veille (ce maudit 18 décembre) qui se souvient qu'il ne voyait que ses yeux, le reste de son visage était dissimulé par une cagoule ou plus exactement comme celui-ci l'a expliqué plus tard caché par un bonnet et un col roulé monté sur son nez. Troublé à ce moment-là, Julien lui avait dit qu'il pensait le reconnaitre, alors énervé cet agent des forces de l'ordre avait enlevé son couvre-chef pour confirmer qu'ils ne se connaissaient pas. Anecdote qui prêterait à faire sourire si nous n'étions pas face au drame de notre vie … Cette fois les gendarmes s'en vont.

Dans la matinée mon beau-frère (le frère de Jean-Jacques) arrive à la maison, je m'écroule dans ses bras en disant que je n'ai rien pu faire, Les yeux rempli de larmes, il lâche « mais qu'est-ce qu'il a fait ! »

Toujours ce choc.

Encore le choc et l'émotion à l'arrivée de mes belles-sœurs dans la journée.

Les automatismes du cœur.

Le reste de cette journée et le lendemain, nous sommes entourés par ma sceur qui est revenue, mes belles-sœurs, mon beau-frère et le parrain de ma fille.

Je ne sais plus qui fait quoi dans la maison, je sais juste que l'on doit nous forcer à manger un peu pour tenir le coup. Un médecin est venu nous prescrire (à mes enfants et moi-même) des relaxants ainsi qu'un arrêt de travail de quinze jours.

Puis c'est là que les automatismes du cœur vont entrer en piste.

Le corps de mon époux est rapatrié dans un funérarium à douze kilomètres de chez nous. Il est temps pour nous d'aller le rejoindre.

L'homme de ma vie est là dans cette chambre glaciale, allongé, immobile, vêtu d'un pantalon gris, d'un tee-shirt noir de « ZZ Top », d'un gilet gris que nous lui avons soigneusement choisi parmi ses vêtements. Sans oublier une écharpe pour couvrir son cou.

Ce cou meurtri qu'il faut dissimuler des regards. J'aimerai que son écharpe, imprégnée de son parfum, adoucisse les mots et les maux.

Mon Amour on m'a remis ton alliance, celle que j'ai mis à ton annulaire gauche le 1 er août 1987, le jour de notre mariage, le premier plus beau jour de notre vie comme on disait tous les deux.

Moi je t'ai donné ma bague de fiançailles, cette bague que nous avions choisie ensemble en 1985, elle est si fine et si belle. Je l'ai glissée à un de tes doigts, elle n'est qu'à ta deuxième phalange mais je sais que tu la garderas précieusement.

Tu es là mon Amour, nous sommes autour de toi. Je t'embrasse, tu es si froid.

Toi qui réchauffais nos cœurs, qui faisait briller nos yeux car tu nous aimais, pourquoi es-tu si froid ? Pourquoi as-tu décidé de partir ?

Pour l'instant, c'est nous qui te quittons car tels des automates endoloris nous devons préparer ton départ sur terre, comme on dit.

Malgré l'anéantissement, la douleur, la violence des moments présents, nous allons tout faire pour que cet «au revoir» soit le plus proche possible de ta personnalité. La cérémonie qui te sera consacrée doit d'être à la hauteur de l'Homme que tu étais. Mission presque impossible, je le sais.

Comment rivaliser avec le papa merveilleux que tu étais Comment être à la hauteur de l'amant, de l'époux que tu étais pour moi, du frère, du tonton, de l'ami, du collègue, toujours là pour les autres et si souriant.

Donc, mercredi, jeudi et vendredi préparation de la cérémonie qui aura lieu le samedi 23 décembre à 10h30.

Rendez-vous aux Pompes Funèbres pour la publication de l'avis de décès dans le journal, le choix du cercueil et ses accessoires.

Nous avions déjà réservé notre emplacement au cimetière depuis plusieurs mois afin que nous nous trouvions face à la tombe de Jacky, le frère de Jean-Jacques décédé à l'âge de 33 ans en mars 1986,

P----- de réservation. Il parait que prévoir son emplacement au cimetière ne fait pas mourir plus tôt, alors pourquoi ? Dites-moi POURQUOI.

Je reviens sur l'avis de décès, nous étions plusieurs autour du bureau avec le responsable des Pompes Funèbres et malgré ça nous avons fait un oubli.

Un oubli capital que je vais me reprocher longtemps, nous avons oublié de faire mentionner le prénom de ma future belle fille, elle qui était présente le jour du drame et qui a appelé les secours. Pardon Graziella. Comme il est difficile de penser durant ces moments si tragiques.

Puis nous avons choisi avec attention les plaques qui seront déposé sur sa tombe. Elles ont été sélectionnées avec le ressenti de chacun. La tendresse des petits-enfants, l'amour des enfants et la passion de l'épouse.

Entre les allers-retours au funérarium nous avons préparé, avec les personnes compétentes, la cérémonie de l'église : les textes et surtout la musique.

Il a tout de suite été convenu que le choix se porterait sur les chansons qu'il appréciait, alors tant pis pour les conventions mais ce sera les « Rolling Stones, ZZ Top et Merzhin ».

Pour ceux qui ne connaissent pas, « Merzhin » est un groupe de rock français (ce sont des bretons) que nous avons découvert quelques années plus tôt. Depuis nous les suivions à chaque fois qu'ils se produisaient dans la Vienne ou dans les départements voisins. Nous étions régulièrement en contact avec eux, surtout Marylou et c'est naturellement qu'ils ont été prévenus et qu'ils ont été d'accord pour que leur musique soit écoutée lors des obsèques de Jean-Jacques.

Mais côté musique, le plus touchant et le plus important pour moi, pour nous, c'est l'hommage que mon neveu a accepté de rendre à son tonton. Oui « Mouss » a bien voulu jouer de la guitare à l'église. MERCI

Côté vestimentaire (eh oui il fallait bien y penser) mes enfants, ma belle-fille et moi-même avons décidé que nous porterions tous les quatre un tee-shirt des « Rolling Stones » et ce sera le même. Nous avons opté pour un pantalon noir, une veste noire et ce fameux tee-shirt noir avec sa langue rouge. Merci à Betty et Nana pour leur aide à la recherche de ce dernier en un temps record.

Entre ces préparatifs et les moments si importants passés auprès de Jean-Jacques, nous avons reçu la visite de quelques personnes (proches et amis) venues nous témoigner leur soutien et pour les plus courageux le voir une dernière fois.

Pour nous soutenir, une voisine nous a apporté de la soupe qui n'a pas réchauffée nos cœurs mais son geste nous a beaucoup touchées, merci à elle.

Voilà comment tels des automates nous avons fait face à ces premiers jours de cauchemar. Le cœur nous a guidés pour préparer cet «au revoir»

Je ne sais toujours pas comment nous avons eu la force de le faire mais nous l'avons fait pour toi mon Amour.

Maintenant nous sommes prêts à affronter ce qui nous semble le plus dure (l'avenir nous montrera que ce n'est rien à côté de l'absence que nous ressentirons après), oui nous sommes prêts pour ton départ ce samedi 23 décembre 2017.

Il s'en est allé dans le silence.

Samedi matin, après un café (je suppose) et un passage dans la salle de bain, je me souviens avoir mis un des parfums préférés de Jean-Jacques « One Millions de Paco Rabanne », oui j'avais son parfum sur ma peau.

Puis Romain est venu nous chercher, direction le Funérarium.

La famille proche était là, Christophe notre neveu avait pris l'avion des Etats-Unis pour être parmi nous, merci à lui.

Jean-Jacques voulait faire un voyage aux Etats-Unis. « Un jour, j'irai à New-York avec toi » me disait-il. Et bien non …

Après les embrassades, nous nous sommes recueillis devant son cercueil encore ouvert. Dernières visions de mon Amour mais il est immobile et son sourire n'est plus.

Je lui donne un dernier baiser puis nous sommes invités à nous retirer légèrement pour la fermeture du cercueil. Je me dis qu'un jour moi aussi on me mettra en boite et que j'irais le rejoindre. Pour l'instant direction l'église.

Il y a beaucoup de monde pour lui dire « au revoir » ou pour l'accompagner, chacun choisi la formule qui lui convient. Ce qui est sûre c'est qu'il était apprécié et aimé, ils sont là, les habitants du village et des alentours, la famille au sens large, les amis, les collègues et les potes de toujours.

Oui mon Amour, ils sont tous là pour toi mais je n'ose pas les regarder. Alors je baisse les yeux et je m'avance avec nos enfants chéris.

Arrêt devant le porche de l'église pour les mots de circonstance, puis nous suivons le cercueil et les personnes de la communauté chrétienne (eh oui les prêtres se font rares dans nos campagnes) mais peu importe car ces personnes sont bienveillantes et investies.

Je m'aperçois que la musique prévue pour l'entrée «Angie des Rolling Stones» ne démarre pas, alors je panique (surprenant comme réaction ...). Je me retourne vers ma sœur et elle fait un signe à la personne chargée de mettre la musique en route. Merci ma Betty, tu assures. La cérémonie peut démarrer.

Sur le cercueil il y a un portrait de Jean-Jacques, une écharpe noire des « Rolling Stones » et peut-être des fleurs. En tout cas, des compositions et des gerbes de fleurs il y en a beaucoup de posés sur les marches de l'autel. Pourtant ce n'est pas le printemps, nous sommes en hiver à deux jours de noël.

Après une présentation très sommaire de Jean-Jacques et un ou deux textes bibliques, nos enfants sont invités à mettre chacun une bougie sur le cercueil, moi c'est une rose couverte d'un baiser que je dépose. Puis nous serrant tous les trois très fort, nous écoutons mon neveu jouer de la musique, un morceau de sa composition intitulé « Les adieux ». Moment de recueillement si intense,

Puis ce fut l'instant où Marylou est allée lire un poème à son papa. Très courageuse, entourée de Julien son frère et de son parrain.

Je suis fière de toi ma puce, c'est si beau et tellement émouvant, d'ailleurs on entend des sanglots s'échapper de l'église. Comment retenir ses larmes …

Mon Amour puisses-tu entendre ce déchirant message.

Ensuite durant la cérémonie, comme prévu se sont invités deux titres des « Rolling Stones » - «Wild Horses» et « You can't always get what you want ».

Mon neveu a rejoué de la guitare et les titres que nous avions soigneusement choisis pour Jean-Jacques se sont enchainés dans les enceintes de l'église pendant la bénédiction du corps.

[Quand vient le silence (Merzhin), Les heures vagabondes (Merzhin), Top rough boy

(ZZ Top), A travers toi (Merzhin), Love in vain (Rolling Stones), Play With fire With

(Rolling Stones), As tears go by (Rolling Stones) La grange (ZZ Top) …]

Pendant ce temps, silencieusement, les amis, les collègues, la famille, tous, sont venus te porter, pour ton adieu, un dernier geste d'amitié, de fraternité ou d'amour, mon ange.

Ce calme entrecoupé de sanglots a été interrompu en fin de bénédiction par les cris douloureux de Julien, Il a tellement mal, Marylou a tellement mal, nous avons si mal mais il faut essayer de rester digne malgré cette douleur, ce déchirement   Le personnel des Pompes Funèbres a commencé son va et vient pour emmener les fleurs et lorsque l'un d'eux a enlevé l'échappe des « Rolling stones » du cercueil je l'ai prise car je voulais la porter sur mes épaules.

Le vacarme qui explose mon cœur et ma tête contraste inévitablement avec le silence qui règne à la sortie de l'église... ...Quel silence !

En comité plus restreint nous suivons le convoi funéraire à pieds, le cimetière est proche de l'église. Après un dernier recueillement devant le cercueil voici le moment de la séparation.

« Mettre un corps en terre » ce n'est pas comme « lancer une bouteille à la mer ». Quand on lance une bouteille à la mer, il y a un espoir, un espoir de retrouver la bouteille, de lire le message ou le SOS oui un ESPOIR mais là RIEN. Je me souviens avoir lancé une brassée de roses sur ton cercueil mon Amour avant de quitter le cimetière. Oui je me souviens.

Je me souviens du déroulement de cette journée du 23 décembre 2017 car je l'ai revécu durant des nuits entières. De longues nuits blanches sans sommeil dans lesquelles je me repassais le film et malheureusement ce n'était pas une fiction.

Je ne sais pas si nous avons été à la hauteur mais je pense que nous avons fait le maximum, enfin nous avons essayés.

Quelle force a pu nous faire tenir ce jour-là ? Sommes-nous passés dans un monde parallèle ?

La réponse ne peut-elle pas se résumer en un seul mot le « SOUTIEN

Le soutien de la famille, des amis, de tous ceux qui sont venus ce samedi. Merci à tous. Merci pour vos gestes d'affection, de tendresse ou simplement vos regards pleins de compassion.

Merci pour nous et surtout merci pour lui. Ce soutien, aussi éphémère soit-il, est important.

« L'esprit oublie toutes les souffrances quand le chagrin a des compagnons et que I amitié le console - William Shakespeare -»

La paperasse.

Quelques jours plus tard je me retrouve autour d'une table avec mes enfants à signer des cartes de remerciement puis il faut gérer toute la procédure administrative. Je suis secrétaire de mairie mais malgré tout ce sera le parcours du combattant des dossiers entiers envoyés en recommandé mais toujours en attente de pièces complémentaires, Des semaines, des mois à rappeler les différents organismes, à renvoyer les documents déjà envoyés, à réexpliquer la situation car l'interlocuteur n'est plus le même, à pleurer, à perdre patience et même à chercher tous les moyens possibles pour que la plus simple des demandes ne s'éternise pas car le papier attendu est nécessaire à un autre dossier.

Un matin excédée par une énième attente et fatiguée d'entendre la promesse d'un probable envoi, j'ai dit à mon interlocuteur que j'allais en référer au Président du Département (ce que je n'ai pas fait …pourquoi ennuyer un homme si occupé pour des problèmes perso !) et miracle le lendemain, l'enveloppe tant attendue était dans ma boite aux lettres.

Maintenant je comprends comment certaines personnes en situation précaire peuvent se retrouver en grande galère. Vive l'Administration Française.

Mais des combats je vais en connaitre d'autres. Combat contre la bêtise humaine, combat pour ne pas se laisser aller, pour continuer à travailler, pour continuer à manger, bref pour continuer à vivre mais à quel prix !

Le nouvel an.

Casse-tête pour les autres (entourage, amis …) Doit-on souhaiter une « bonne année » à la veuve ; au fils et à la fille qui n'ont plus leur papa.

La plupart ne l'on pas fait et c'est tant mieux. D'autres se disent que la vie continue et que cela va nous remonter le moral, d'autres encore envoie, comme d'habitude, un message groupé, alors oups !

NON pitié pas de bonne année pour 2018

2018, année de cauchemar. Cauchemar dans lequel nous sommes entrés le 18 décembre 2017.

Mais qu'aurais-je fait à votre place ? Vous aurais-je ignoré ou vous aurais-je boosté pour aller de l'avant. Je ne me suis jamais posé cette question auparavant. Un ami a trouvé une superbe parade, le 30 ou le 31 décembre il m'a envoyé un message en me souhaite de terminer l'année 2017 de la meilleure façon qui m'est donné de le faire et qu'il pensait à moi. Merci à toi. Un message comme celui-ci est un parfait équilibre (on ne m'oublie pas mais on n'en rajoute pas).

Depuis plus de trente ans, je passais la Saint Sylvestre à tes côtés mon Amour, entourée d'amis ou de la famille mais toujours avec toi. Nous avons même célébré le « nouvel an » en tête à tête à plusieurs reprises.

L'un d'eux reste gravé dans ma mémoire… Te souviens-tu ? Chut... Tu me manques, tu me manques tellement.

Le 2 janvier, je pose quelques lignes sur un cahier d'écolier, j'ai besoin de parler à Jean-Jacques, oui j'en ai besoin …

« Mon Amour,

Nous sommes le 2 janvier et depuis trente-deux ans c'est ma première nouvelle année sans toi. Que te dire ou plutôt par quoi commencer ?

Je suis morte avec toi mon Amour.

On dit qu'un couple c'est deux moitiés (je te présente ma moitié ou j'en parlerai à ma moitié mais nous, nous ne faisions qu'un, indissociable, pas deux moitiés mais UN.

J'ai si mal …j'ai mal à en mourir.

Quel est ce mal qui te rongeait mon Amour au point de nous quitter nos enfants et moi ?

Comment vivre sans toi alors que même survivre me parait impossible ?

Les premiers jours je disais que mon cœur fondait mais ce matin j'ai l'impression qu'il a éclaté en un millier de morceaux et que ces derniers me transpercent le corps car mon être entier souffre

Souffrir, non ce verbe est bien insuffisant et même trop doux pour t'expliquer mon état, ma détresse.

Je lutte mon Amour, je lutte pour nos enfants chéris.

Marylou est avec moi en permanence et son soutien m'est vital. Ta petite puce est merveilleuse, elle me réconforte au quotidien malgré son immense chagrin (là encore les mots sont en delà de la, de SA souffrance).

Juju, ton grand, me fait peur, il garde tout pour lui. Il continue à vivre pour nous protéger et pense peut-être se protéger lui-même. J'ai l'impression qu'une carapace s'est refermée sur lui.

Nos enfants adorés, tu étais si fière d'eux. Je les garde près de moi en espérant que tous les trois nous remontions cette terrible et douloureuse épreuve.

Tu vois pour l'instant je ne parle que des enfants et de moi (surtout de moi ...) pourtant nous sommes bien entourés et bien des inquiétudes se rajoutent au quotidien mais mon instinct de survie me pousse à ne parler que de nous.

Ton absence grandit de jour en jour. »

Le 2 janvier 2018 c'est aussi la date à laquelle nous avons repris le travail, les enfants et moi. Quinze jours d'arrêt c'est peu au vue de cet évènement ou plutôt de cette tragédie mais nous y retournons.

Il nous faut bien du courage car non seulement nous avons perdu notre « Jean-Jacques » mais en plus le sort s'acharne sur la famille.

Nous sommes inquiets pour ma belle-sœur (la sœur de Jean-Jacques, la deuxième de la fratrie) qui était là dès les premiers instants. Elle a attrapé une mauvaise grippe, qui additionnée à des maux de gorge persistants et à sa maladie l'a conduite à l'hôpital. Elle a été plongée dans le coma. Les tourments se rajoutent à la douleur.

Et puis comme le virus de la grippe s'est propagé le jour des obsèques de Jean-Jacques, je porte silencieusement le poids de la culpabilité. Je ne sais pas pourquoi je m'inflige cette culpabilité, ma souffrance n'est-elle pas suffisante ?

STOP, notre famille n'a que trop souffert depuis des décennies.

Retour à un semblant de vie.

Me revoici à mon poste de travail, ma collègue me serre dans ses bras, s'est parti pour les larmes. Elle retourne dans son bureau, je vais maintenant essayer de me concentrer sur mes tâches administratives (courrier à ouvrir, e-mail à trier et différents dossiers à traiter), Sur le coin d'une table je trouve une grande enveloppe Kraft, en l'ouvrant je découvre tous les documents qui ont servi à établir l'acte de décès de mon époux, je respire profondément et je vérifie que tout soit complet.

J'enchaine mon travail en évitant de trop penser, je dois garder une voix claire pour répondre au téléphone ou aux administrés qui se présentent à la mairie. J'espère que mes enfants, mes trésors « tiennent le coup ». Est-ce raisonnable de reprendre si vite ?

Maladresse et ineptie.

Les jours vont se succéder et je vais devoir faire face aux paroles et aux réactions des autres et je vous jure que cela est compliqué, dure, voire épouvantable.

Ces paroles sont-elles les fruits de la maladresse, de l'ignorance ou encore de la stupidité humaine ?

« Il avait tout pour être heureux »

« Ma pauvre, il n'a pas pensé à toi »

« Tu sais pourquoi ? »

« Tu vas refaire ta vie »

« Il faut passer à autre chose »

« Prends donc un animal de compagnie »

« C'est son choix »

« Il faut vivre »

Sans oublier le fameux « Comment ça va ?

Pitié, si vous saviez comme toutes ces phrases (et bien d'autres !) sont insupportables et franchement inadaptées.

« Il avait tout pour être heureux » ; Phrase bateau qui finalement ne veut rien dire.

« Ma pauvre, il n'a pas pensé à toi » ; Déjà l'expression « ma pauvre » s'il vous plait non... et bien sûr qu'il n'a pas pensé à moi, à nous lorsqu'il a mis la corde autour de son cou. Que saviez-vous de ses pensées ?

« Tu sais pourquoi ? » ; A tous les curieux, NON !

« Tu vas refaire ta vie » ; Alors là, MERDE ! Taisez-vous.

« Il faut passer à autre chose » ; idem

« Prends donc un animal de compagnie » ; Comme si je pouvais remplacer Jean-Jacques par un animal de compagnie, quelle stupidité !

« C'est son choix » Ah bon, il vous l'a dit avant de partir ?

« Il faut vivre » Si vous saviez ce que c'est que de perdre un être cher, aimé et précieux par suicide ... PAR SUICIDE

Promesse, compassion et gêne.

Les gestes d'amitié je vais en recevoir un certain nombre et j'avoue que sur l'instant ils vous font un peu de bien mais certains ne sont pas sincères.

Enfin, je veux dire que parfois ce sont des phrases dites par correction ou encore par convenance.

Ainsi la personne qui devait passer me voir à la maison avec son épouse lors de ses promenades habituelles ne s'est jamais arrêtée. Toutes celles qui m'ont dit que je pouvais compter sur elles si j'avais besoin et qui priaient pour que je ne vienne pas les embêter (enfin pour certaines).

Je n'oublie pas ceux qui ont baissés ou tournés la tête lors de mon passage à pied ou en voiture (notamment à la sortie de l'école ou au supermarché).

Non je ne suis pas contagieuse.

Oui mon mari s'est suicidé.

Oui je fais semblant de vous sourire. Oui je souffre à en mourir.

Je ne suis pas en train de régler mes comptes et avec du recul je me dis que cela n'est peut-être pas simple pour les autres. Ils ne possèdent pas un manuel avec les phrases qu'il ne faut pas dire, les attitudes appropriées et puis le suicide est un sujet qui dérange, la société ne fait pas la lumière sur ce phénomène qui fut longtemps tabou et qui, il faut bien l'avouer, le reste encore malgré les efforts d'associations ou d'organismes dont je parlerais un peu plus tard.

Je survis ou je meurs.

Le suicide d'un proche vous prend par surprise, vous happe, vous broie et fait de vous un être qui sera transformé à jamais.

Aujourd'hui je connais certaines étapes du deuil comme le choc, le déni, la colère, la peur, la dépression. Ces étapes s'entrechoquent ou pour certaines se répètent encore et encore, Elles vous épuisent, vous anéantissent. Si vous ne vous battez pas elles vous tuent.

Ce tsunami que j'ai pris en pleine face détruit mon cœur, mon corps et mon esprit. Si je veux survivre pour nos enfants il va falloir se battre mais comment trouver cette force ? Où trouver les armes nécessaires à ce combat qui semble perdu d'avance ?

Vers qui se tourner ? Je sais que ce n'est pas la cellule psychologique promise le soir même de la tragédie qui me rappellera pour me sauver, nous sauver. Les amis ou l'entourage ? Non, ils sont passés à autre chose. La vie continue comme on dit.

Mon Amour j'ai tellement envie de te rejoindre mais je ne peux pas abandonner nos Trésors.

Envoie-moi un ange ... un ange gardien.

Betty, mon Ange Gardien.

Ma sœur Béatrice est née un 18 février, deux ans, jour pour jour, après moi. Nous avons longtemps partagé nos gâteaux d'anniversaire et certaines choses de la vie. Puis nous avons construit nos familles respectives avec toujours un regard bienveillant l'une envers l'autre. Les autres liens familiaux (je parle de la fratrie) sont eux plutôt fragiles voire inexistants.

Betty est là depuis le 18 décembre 2017 au soir pour nous soutenir. Elle nous a aidé à préparer les obsèques de Jean-Jacques, elle a prévenu une partie de la famille, elle nous a entouré de sa tendresse, de son amour mais pas que …

Pendant plus d'un an elle m'a téléphoné tous les soirs pour prendre de mes nouvelles, pour m'écouter. Elle a répondu et répond encore avec douceur à mon désarroi, parfois elle me laisse pleurer car il n'est pas toujours facile de trouver les mots ou qu'il est nécessaire de laisser les vagues s'échoir car la tempête est là. Il fallait se faire aider pour s'en sortir, c'était une évidence (une aide médicale, une aide professionnelle, une aide extérieure).

La première des aides fut médicale, des professionnels de la santé nous ont prescrit des antidépresseurs, des anxiolytiques et des somnifères.

Pour ma part, j'ai arrêté les somnifères assez rapidement et les anxiolytiques progressivement. Pour l'instant j'ai encore besoin des antidépresseurs.

Pour l'aide professionnelle et l'aide extérieure, encore une fois, c'est mon Ange Gardien qui, en grande partie, s'en est occupée. Elle a pris (pour Marylou et moi) le premier rendez-vous chez le psychologue puis elle est allée à la recherche de groupes de paroles concernant le deuil d'un proche et plus spécifiquement les endeuillés par suicide.

J'ai également consulté une sophrologue, magnétiseuse qui m'a un peu aidée.

Betty m'a aussi guidée vers des lectures appropriées («La vie après le suicide d'un proche» de Katia Chapoutier, « Vivre le deuil au jour le jour » de l'excellent Christophe Fauré).

Elle a mis entre mes mains toutes les armes nécessaires pour combattre, pour survivre. Merci ma Betty, MILLE MERCIS.

Bien sûr que je veux continuer pour mes enfants, pour nos enfants car je les aime tellement mais ne croyez pas que ce soit si simple. C'est une certitude, je dois les protéger et les soutenir, je n'ai pas le droit de sombrer, ni le droit de partir rejoindre leur papa (pas maintenant).

Un jour j'irais te rejoindre mon Amour mais pour l'instant je dois penser à notre Juju, à notre Loulou, à nos petits-enfants et à ceux qui nous aiment.

Et puis il y a la famille et les amis.

La famille s'est transformée, certains se sont éloignés, d'autres au contraire se sont rapprochés et je sais que je peux compter sur ces derniers. Ainsi un beau-frère en remplace un autre.

Côté amis, hélas beaucoup sont partis ; Je ne sais pas si c'est ma situation qui les a fait fuir ou s'ils pensent que je suis coupable mais finalement tant pis car d'autres sont arrivés ... quelques nouveaux amis, une famille de cœur.

Notre foyer, nos repères.

La maison est vide, désespérément vide, sans Jean-Jacques et pourtant chaque recoin parle de lui. Son blouson est resté à l'entrée, suspendu à côté du mien. Je n'ai touché à rien, toutes tes affaires t'attendent mon Amour, tes vêtements, tes chaussures, tes produits de toilette et tout le reste.

Enfin tout sauf ta brosse à dents. Allez savoir pourquoi, après son départ et durant plusieurs jours je me suis lavée les dents avec SA brosse à dents puis un matin je l'ai jeté. Je n'ai pas d'explication à ce comportement mais finalement doit-on trouver une interprétation à chaque geste, chaque conduite, chaque attitude.

J'espère que non car des attitudes étranges je vais en avoir durant les mois qui vont se succéder. Certains comportements vont même m'interroger sur ma santé mentale. Est-ce que je deviens folle ?

Dans notre foyer j'ai tous nos repères mais je suis désorientée. La moitié du lit est vide, il manque une assiette à table et surtout tu n'es plus là. Je n'entends plus ta voix, je ne sens plus tes caresses, je ne vois plus tes sourires, tu n'es plus !

Quelques semaines après son suicide, je pose à nouveaux quelques lignes sur le cahier d'écolier.

« Cela fait plus d'un mois que je n'ai pas écrit mais je le fais à nouveau ce soir car j'ai l'impression de m'enfoncer dans un trou béant. Je n'ai plus goût à rien J'ai du mal à faire les choses les plus simples comme se laver par exemple (je suis restée plusieurs jours sans le faire),

Je mets régulièrement ton parfum et j'écoute de la musique, ta musique. Je m'envahie la tête de musique, je pense que cela m'aide un peu,

A propos d'aide, les enfants et moi avons commencés à consulter, Julien voit un médecin psychiatre, il en a tellement besoin, il va très mal, comme Marylou et moi.

De notre côté, nous voyons chacune un infirmier psychologue

Mon premier rendez-vous a eu lieu aujourd'hui, je ne sais pas si cela va vraiment m'aider. En revanche j'ai une aide précieuse et quotidienne, un soutien sans faille depuis le 18 décembre. Cet oxygène me vient de Betty, ma sœur chérie. Tous les jours sans aucune exception, elle m'appelle, elle me soutient et m'apaise un peu. Son écoute et ses mots me font tenir jour après jour.

C'est si fragile, mais une journée de passée est une journée de gagnée. C'est un combat quotidien. Je dois me battre pour nos enfants.

Ils ont besoin de moi comme j'ai besoin d'eux Mais tu me manque tellement mon Amour. Mes larmes ne cessent de couler sur mes joues

Je me sens si coupable de ne pas avoir su t'aider. Cela me ronge l'esprit et le corps (et le cœur)

Me coucher sans toi, me lever sans toi, vivre sans toi est un enfer. »

Ce seront les derniers mots que j'écrirais sur ce cahier rouge.

Le déni.

« Le déni est une notion utilisée en psychanalyse pour désigner le fait de refuser, de façon Inconsciente, une pallie ou l'ensemble d'une réalité. Le déni peut porter sur un sentiment ou une émotion, mais aussi sur des faits qui se sont produits Le déni peut être la conséquence d'un choc traumatisant, et permet ainsi de protéger, comme un mécanisme de défense, la santé mentale de la personne » (définition Santé Médecine).

Cette phase « déni » est apparue pour moi juste après la phase « choc », sans prévenir, en sourdine, D'ailleurs à ce moment-là, je ne la nommais pas, je la subissais tout simplement.

Le soir j'attendais Jean-Jacques pour diner, la nuit quand je ne le sentais pas à mes côtés dans notre lit je me disais qu'il s'était levé pour aller aux toilettes, dans la journée ou le week-end je le croyais dans la cour à bricoler, il y a tant à faire avec 4 500 m2 de terrain (d'ailleurs la grandeur de ce terrain va-t-elle influencer sur mes choix futurs ?)

Combien de fois me suis-je dit que j'avais fait un cauchemar et qu'il était heureusement toujours avec moi.

Une nuit de février, à l'approche de nos anniversaires respectifs, j'ai rêvé qu'il était revenu à la maison en me disant « surprise, bon anniversaire, c'était juste une blague », je lui avais répondu avec colère que je pleurais depuis le 18 décembre, que cela ne se faisait pas mais finalement je lui pardonnais car j'étais heureuse de le voir, si heureuse.

Est-ce du déni ou de la folie ?

Lorsque notre chat d'adoption (mimi) vient se coucher sur notre lit ou se cacher sous ma robe de mariée exposée sur un mannequin alors qu'il ne le faisait jamais avant, est-ce de la folie ?

Les esprits rationnels diront simplement que les chats ressentent certaines choses, cela me va comme explication.

« C'est un cauchemar, je vais me réveiller » est peut-être synonyme de déni » mais voilà moi je ne me réveillerais jamais. Il va falloir combattre la tempête, le tsunami, la machine à broyer.

Souffrance ou maladie.

« La maladie n'est jamais une cause. La maladie est une réponse, une pauvre réponse que l'on invente à une souffrance — Christian BOBIN »

Je suis malade d'aimer quelqu'un qui n'est plus là, j'en suis malade à en mourir.

Alors vous allez me dire pourquoi je survis ? Réponse, pour mes enfants bien sûr. Nouveaux questionnements : puisque j'ai une réponse suis-je guéri ?

Mais en guéri-t-on ? Serais-je guéri quand je ne parlerai plus de ma détresse, de ce mal qui me ronge le cœur, le corps et l'esprit ? Peut-on guérir d'aimer ? Peut-on guérir du manque de l'Homme (de l'Amour) de notre vie ?

Réponse : non, j'ai une maladie incurable.

14, 18 et 22 février.

Après le nouvel an voici trois dates qu'il faut affronter.

Le 14 février, jour de la Saint Valentin, la fête des amoureux. Ce jour-là Jean-Jacques m'offrait toujours des fleurs, il n'oubliait jamais, d'ailleurs il m'en offrait régulièrement toute l'année sans qu'il y ait une occasion particulière. Il était si attentionné, si aimant. Maintenant c'est moi qui fleuri ta tombe mon Amour.

Désormais, Noël et la Saint Valentin sont des dates « coup de poignard » qui me font très mal, je les efface définitivement de mon calendrier. Certes ces fêtes sont surtout une manne financière pour les commerçants mais avant nous les aimions.

Le dimanche 18 février 2018, ma sœur et mon beau-frère m'ont gentiment invité au restaurant. C'est au centre-ville de Poitiers que Betty et moi avons célébré nos anniversaires. Bien sûr ce n'était pas un jour de fête mais nous avons très bien mangé et surtout je n'étais pas seule, j'étais entourée de beaucoup de tendresse, de compassion et d'amour.

Toutefois ce fut difficile de se retrouver à trois autour d'une table, il manquait quelqu'un. Le 18 février 2018 tu n'étais pas là mon Amour,

Et le jeudi 22 février 2018 ! Jour des soixante ans de Jean-Jacques, cela fait soixante-six jours qu'il s'est pendu.

Soixante ans, l'âge de sa retraite professionnelle (pour carrière longue comme on dit) et bien non pas de retraite ou plutôt retraite définitive.

Nous ne vieillirons pas ensemble, nous ne profiterons pas de séjours tranquilles à la mer ou à la montagne, nous ne visiterons plus les villages des quatre coins de la France ... et le Périgord, notre région préférée !

Nous avions tant de projets, tu paraissais si heureux d'avoir quitté l'entreprise dans laquelle tu travaillais depuis tellement d'années.

Qui est responsable, qui est coupable ?

La culpabilité.

Voilà, le mot est lâché, CULPABILITÉ.

Une nouvelle phase du deuil.

Est-ce que je me sens coupable ? Forcément, il ne peut pas en être autrement. Je passerais le restant de ma vie à m'en vouloir puisque je n'ai pas pu empêcher ce drame. Moi, sa femme, celle qui a partagé sa vie durant plus de trente-deux ans. Pourquoi n'ai-je pas senti le 18 décembre 2017 à 13h20 quand je suis repartie travailler que je ne le reverrais plus vivant ?

Lors de ce dernier déjeuner il me semblait absent, mélancolique mais je n'ai pas pris le temps de discuter avec lui, je suis retournée au boulot comme si c'était plus important. J'aurais dû rester avec lui, la mairie aurait pu se passer de moi et quand bien même …

« Vous devez toujours savoir distinguer l'essentiel de la futilité - David Ben GOURION »

Ce jour-là j'ai choisi la futilité.

Evidemment, c'est plus tard que cette réflexion est venue s'imposer à moi.

Dans l'après, on a tout le temps de réfléchir, de se torturer, de se dire pourquoi je n'ai pas réagi, pourquoi je n'ai pas pu l'aider.

Jean-Jacques était très affecté par la santé de sa sœur ainée. La maladie gagnait du terrain et le replongeait dans le passé.

En effet, ma belle-sœur est atteinte de la maladie d'Alzheimer, tout comme ma belle-mère l'était auparavant. Jean-Jacques ne s'est jamais vraiment remis du décès de sa maman en 2004, ni du décès de son frère en 1986.

La quête du pourquoi me plonge dans le désarroi, la culpabilité.

Pourquoi notre amour si intense n'a pas suffi à guérir tes blessures du passé ? D'ailleurs quelles sont ces blessures ? Pourquoi ce silence du passé ?

La colère.

« La colère est la non acceptation de l'inacceptable - Marek HALTER - »

Oui je suis en colère car je ne peux accepter l'inacceptable.

Je ne suis pas en colère contre Jean-Jacques même si son geste me laisse dans le désarroi, la détresse et la douleur.

En revanche, j'en veux beaucoup au médecin qui le suivait à ce moment-là, le médecin de famille ayant pris sa retraite depuis quelques années.

Cet homme, un professionnel de la santé, n'a pas su réagir à bon escient quand mon époux est venu le voir en novembre 2017 pour un début de dépression. On ne doit pas se contenter de délivrer une ordonnance.

Je ne désire pas faire son procès dans ce récit, ni ailleurs, ce n'est pas le but mais je ne veux plus jamais croiser cet individu.

Ma seconde colère est un peu plus difficile à exprimer mais elle est majeure et je dirais même fondamentale.

C'est délicat car celle-ci touche ma belle-famille. Je les aime beaucoup et ils me le rendent bien mais voilà ce sont des taiseux.

Jean-Jacques avait beaucoup de mal à parler de son passé, les différents décès survenus au fil des années l'ont beaucoup affecté, notamment celui de son frère et de sa mère. Lorsque je l'ai rencontré, il était déjà renfermé et peu causant mais notre amour l'a rassuré et surtout nous étions devenus inséparables.

Alors quelles sont ces non-dits et ces secrets de famille qui vous engloutissent, qui nous engloutissent tous ?

Oui j'ai bien dit « secrets de famille », ces maîtres silencieux de notre destin

J'ai essayé d'en parler à mes belles-sœurs et mon beau-frère mais en vain, ils ne savaient pas ou ils n'avaient rien de probant à raconter.

Il faudra combien de générations avant de percer cette malédiction, ce mystère, ce non-dit. Ce secret est-il contagieux et va-t-il traverser les générations à venir ?

Je dis STOP.

Stop pour nos enfants, nos petits-enfants, nos arrières petits-enfants etc.

J'ai fait des recherches personnelles et je pense avoir un début d'explication mais rien ne se fera sans la libération de la parole.

Alors oui je suis en colère car ce fichu mal être a eu raison de notre amour et de ta vie. Il a été plus fort que ce bonheur si précieux que nous avions construit.

« Les secrets de famille sont de noires araignées qui tissent autour de nous une toile collante. Plus le temps passe, plus on est ligoté, bâillonné, serré dans une gangue Incapable de bouger, de parler. D'exister — Marie-Sabine ROGER »

Je ne pense pas que la colère qui est en moi soit une recherche de boucs émissaires pour faire disparaitre la culpabilité mais je voudrais comprendre, simplement comprendre. Je serai toujours coupable de ne pas avoir pu l'aider.

Un autre moi.

Cette terrible épreuve me transforme au fur et à mesure des semaines et des mois qui passent, j'ai l'impression de devenir une autre personne,

Rien n'est calculé mais des rituels se mettent en place et des comportements étranges apparaissent.

Le rituel du matin :

Chaque matin je m'assois par terre face à un Bouddha, des bougies allumées et une photo de Jean-Jacques. Cette photo se trouve à l'intérieur d'une boule à neige en forme de cœur offerte par mes petits-enfants pour la fête des grands-mères. Installée en tailleur, j'écoute de la musique et la plupart du temps mes larmes coulent sur mes joues et mon cou.

Au début j'écoutais surtout les « Rolling Stones « ZZ Top », je me rapprochais de toi mon Amour, ensuite Francis Lalanne s'est installé avec « Regarde-moi », «Je t'appelle » et « On se retrouvera ».

Au fil des jours, d'autres chansons se sont invitées au bal mais celle qui a mené la danse est celle du groupe « Trois cafés gourmands » intitulée « Adesias ».

Ces paroles raisonnent en moi, elles me correspondent tellement, je me retrouve à cent pour cent dans ce texte.

« Naufragé dans mon coin

Comme un presque rien

Solitaire

Lancé à pleine vitesse

Un soir de détresse

Mon cœur se serre

Y'a plus ta fraicheur

Y'a plus ton sourire

Y'a plus rien

Il manque ta présence

Ça sent plus ton parfum

Putain t'es loin

La pièce est bien vide

Et t'as claqué la porte en sortant

En manque d'inspiration

En semi dépression

J'fais l'enfant

Raconte-moi une histoire

Un truc dans le noir

Une étoile

Même si elle est filante

Même si elle est tremblante

J'veux savoir

J'ai des haut-le-cœur

Et j'ai pris la mer à l'envers

Ce soir c'est la tempête

Y'a trop de choses dans ma tête, c'est pas clair

Est-ce qu'il faut une vengeance ?

Ouais, moi je veux ma vengeance

Et très vite

J'vais pas me supprimer, non

C'est déjà un peu fait Et c'est triste

Je sens un truc qui tape

Et j'ai des frissons dans mon corps

Les tambours sonnent le glas

Au soleil couchant de mon cœur

Les photos de nous

Me ramènent enfin à ma place

Je m'enterre dans mon lit

Je pleure sur le tien, Adesias

Oh, au revoir

Rendez-vous quelque part

Oh, au revoir

Rendez-vous dans le noir »

Le premier couplet est chanté par un homme et tous les autres par une femme, c'est tellement nous.

Il est vrai que la nuit je m'enterre dans notre lit et que je pleure. Chaque soir je me couche avec une écharpe de Jean-Jacques imprégnée de son odeur et de son parfum, encore un rituel. C'est si important, j'ai besoin de serrer ce morceau de tissu entre mes bras, j'ai besoin de le respirer, de le sentir.

Ces habitudes ne me font pas peur, je les accueille sans me poser de questions.

Par contre là où je ne me reconnais pas du tout c'est dans mon ressenti ou plutôt mon absence de ressenti face à des situations ou des évènements.

Je ne sais pas pourquoi mais mes programmes télévisés ont changé, je regarde très souvent des émissions sur des histoires vraies. Rien de grave me direz-vous sauf que ces histoires vraies relatent les pires crimes de l'hexagone et d'ailleurs.

Le plus inquiétant c'est que je reste complètement impassible, sans aucune émotion, il n'y a plus d'affect. La plus terrible des cruautés humaines ne me fait pas réagir, je regarde le reportage comme si je regardais un téléfilm ou un dessin animé. Enfin, je vous rassure je n'éprouve pas de satisfaction ni de plaisir, heureusement, mais simplement, RIEN, encéphalogramme plat.

Ce n'est pas moi, avant je pleurais devant un simple film à l'eau de rose.

Il en est de même quand j'apprends un décès dans la commune ou les alentours, je n'éprouve pas de peine. J'apporte ma compassion par correction.

Je n'ai pas de larmes à verser sur les autres, ma pompe à larmes se met en route quand je pense à Jean-Jacques ou quand j'entends nos enfants pleurer.

Là, je redeviens sensible, attentionnée, humaine.

Je ne comprends pas ces nouveaux comportements, je les subis avec étonnement et sidération. Le chagrin me transforme en un « autre moi » que je dois apprivoiser.

Je dois laisser faire le temps. L'analyse de ce comportement que je fais sur moi montre peut-être que je ne suis pas un monstre, enfin je l'espère.

« La vie est une succession de changements naturels. Ne résistez pas car cela ne générera que des soucis. Laissez la réalité être la réalité. Laissez faire naturellement les choses - Lao Tseu »

Une nouvelle famille.

« Les rencontres dans la vie sont comme le vent, certaines vous effleurent juste la peau, d'autres vous renversent — Florence Lepetitdidier-Rossolin »

En mars 2018, grâce à mon Ange Gardien, Marylou et moi avons pris contact avec la « Maison des Familles Rurales » de La Roche-sur-Yon.

Ce mouvement associatif agit en faveur des familles, ses plus fortes valeurs sont pour nous, l'entraide, la solidarité, la convivialité et l'échange. Un service soutient plus particulièrement les personnes qui subissent le traumatisme de la mort d'un conjoint, d'un enfant, d'un parent suite à une maladie ou un décès brutal

Le deuil est abordé sous forme de témoignages, de conférences, de forums, de services d'écoute et de soirées d'échanges.

Nous avons commencé par une soirée témoignages le vendredi 23 mars 2018. La parole était donnée à deux personnes qui ont traversé l'épreuve de la perte d'un conjoint et qui maintenant peuvent témoigner de leur expérience tout en s'autorisant à vivre.

Ensuite plusieurs groupes de paroles se sont formés, bien sûre nous avons rejoint celui des endeuillés par suicide. Notre première soirée d'échanges s'est déroulée le mardi 27 mars à 19h00, ensuite ce fut une par mois.

Quatre heures de route tous les mois pour trouver du soutien car la Vienne ne semble pas être un département à la pointe de la problématique suicidaire.

Il nous faut donc changer de département pour se faire aider, enfin pour trouver une nouvelle famille de cœur,

Ces soirées sont dites « ouvertes », c'est-à-dire que des nouveaux venus sont accueillis tout au long de l'année.

Aussitôt la parole a été facile comme si nous nous connaissions depuis toujours. La majorité des suicides se sont produits par pendaison, chaque histoire me fait écho, avec eux, je redeviens sensible et émotive, nous nous comprenons tous à demi-mot.

Pas les mêmes histoires mais les mêmes douleurs, les mêmes constats. La parole des uns peut faire couler ou sécher les larmes des autres. Les maitres mots sont écoute, bienveillance, respect et discrétion.

Nous respectons l'avancée de chacun sans jugement. Nous cheminons à notre rythme, lentement ou plus rapidement, peu importe.

Chaque histoire est unique mais dans chacune d'elle nous retrouvons le choc, le déni, la culpabilité, la dépression.

Pour certaines personnes la reconstruction s'amorce et pour quelques-unes, elle s'est faite, maintenant elles peuvent à leur tour apporter de l'aide aux nouveaux endeuillés.

Malheureusement la famille s'agrandit de mois en mois, encore des endeuillés par suicide, encore des souffrances et des incompréhensions.

Il est tant que la société et le pouvoir politique prennent conscience de ce fléau.

Le mutisme est l'ennemi du deuil. A quand le sursaut national ?

Le 6 avril 2018 j'ai rejoint un groupe de paroles à Poitiers, JALMALV (Jusqu'À La Mort Accompagner La Vie). Cette association accompagne les personnes en fin de vie ainsi que leur famille et organise des rencontres avec des personnes endeuillés pour partager leur vécu.

La cadence des rencontres est la même qu'en Vendée, une fois par mois et c'est le vendredi à 18h00 mais j'y vais seule car Marylou ne souhaite pas venir. Je respecte son choix, d'autant plus que le suicide n'est pas au cœur des débats.

Les personnes que je rencontre ici ont des parcours bien différents du mien mais la souffrance est la même. Comme à La Roche-sur-Yon, l'écoute, la bienveillance et la discrétion sont de mise. Ce qui est dit durant ces soirées reste confidentiel. Ce groupe de paroles est un groupe fermé (hormis les premiers mois, il n'y a pas d'entrée de nouvelles personnes durant l'année). Les contacts sont différents, néanmoins j'ai fait de très belles rencontres. Je suis sensible à chaque histoire.

Le difficile mois de juin 2018.

Ce mois de juin va nous servir des dates très difficiles à supporter.

Le 17 juin, jour de la fête des pères, les enfants vont apporter des fleurs à leur papa, cette année ils ne pourront pas l'embrasser (première fête des pères sans lui). Nos enfants souffrent beaucoup, il ne peut pas en être autrement, je suis solidaire de leur détresse, de leur souffrance.

Le 23 juin, un de mes neveux célèbre ses 50 ans, évènement prévue de longue date mais la première fête familiale depuis le décès de Jean-Jacques. Sans gaité de cœur je suis présente pour lui et ma belle-famille. Ce jour-là, forcément, je ne suis pas allée sur la piste de danse et je me suis fait violence pour ne pas sombrer dans le désespoir et la mélancolie. Avec Jean-Jacques, nous aimions tellement danser, quand il y avait du «Téléphone» ou autre rock nous nous éclations comme des fous, nous étions si synchros, si complices, si heureux.

Ce samedi soir j'ai bu, oui moi Patricia qui habituellement ne boit pas une goutte d'alcool, j'ai picolé, je n'étais pas saoule mais le lendemain j'ai eu un bon mal de tête (ça m'apprendra !). La surprise fut générale mais c'était pour moi la seule parade à une soirée beaucoup trop difficile et puis j'avais prévenu mon psy deux semaines auparavant, j'ai pris son sourire comme un acquiescement.

Le 24 juin, double supplice, jour de la Saint Jean et anniversaire de Julien.

Notre Juju a 30 ans et Jean-Jacques en aurait eu 60 ans en février dernier. Trente ans d'écart entre père et fils, nous aurions dû célébrer cela en famille autour d'un bon repas et de nombreux éclats de rire. Les rires se transforment en sanglots.

Retour en arrière de quelques jours pour cet obscur jour du 10 juin !

Le lundi 11 juin au matin, en arrivant à la mairie, j'apprends une terrible nouvelle. Un ami d'enfance et ancien collègue de Jean-Jacques s'est suicidé la veille au soir. Je suis pétrifiée, les enfants aussi.

Tout comme Jean-Jacques il ne fêtera pas ses soixante ans, tout comme lui, ses souffrances l'ont emporté. Même âge, même destin.

La dernière fois que je l'ai vu c'est quand il est passé devant moi à l'église pour bénir le corps de son pote le 23 décembre 2017.

Plusieurs mois après c'est moi qui me retrouve à l'église pour caresser son cercueil. Je ne voulais plus entrer dans un lieu de culte mais c'est une évidence je ne peux pas faire autrement.

C'est un véritable déchirement, ce décès me ramène en arrière, quel cauchemar, quel supplice, quelle horreur !

Je redeviens sensible, humaine, je veux soutenir son épouse. Ainsi le jour de l'enterrement, je lui glisse un mot dans la main, je lui propose de m'appeler si elle a besoin d'aide, de conseils et de tendresse.

Elle ne veut pas de mon soutien, alors je me dis «OUF».

Comment pourrais-je l'aider ? J'ai ma propre histoire à porter et je n'ai pas sorti la tête de l'eau. Pourquoi ai-je pensé que je pouvais aider une personne à faire son deuil alors que moi je n'ai pas fait le mien ?

D'ailleurs on ne fait pas son deuil, on vit avec et pour l'instant je ne sais pas vivre avec. Je veux que mon Amour revienne. Qu'ils reviennent tous les deux Si vous ne revenez pas, j'espère que vous ne foutez pas trop le bordel là-haut !

Et puis après tout, si, faites les cons, amusez-vous mais gardez un œil sur nous et donnez-nous la force de continuer, juste la force d'aller un peu plus loin.

Gravé à jamais.

Oui je dois aller plus loin sur le chemin de la vie mais je reste dans notre maison, sur tes terres, mon Amour.

Le psychologue m'a dit qu'il serait peut-être bon de m'interroger sur un probable déménagement car notre terrain est immense et qu'il y a énormément à faire pour entretenir cette propriété.

D'autres personnes me suggèrent de quitter les lieux car il y a beaucoup trop de souvenirs, sans oublier que tu t'es pendu dans le garage.

Eh bien NON, je ne partirais pas. Ma survie est ici, tu as fait tant de choses, nous avons fait tant de choses ensemble dans notre maison et aussi à l'extérieur. Chaque recoin respire notre sueur mais aussi notre satisfaction une fois le travail accompli (nouvel espace aménagé ou transformé, peinture refaite, papier peint changé et travaux bien plus conséquents réalisés).

L'empreinte de Jean-Jacques est gravée à tout jamais sur ces lieux tout comme son prénom, son patronyme, son année de naissance et son année de décès sont incrustés sur sa tombe au cimetière de la commune.

Plusieurs semaines après l'installation de sa pierre tombale et la réalisation de la gravure, j'ai décidé de faire ajouter mon prénom, mes noms (d'épouse et de jeune fille) et 1964, mon année de naissance, il faudra attendre pour adjoindre la date de décès.

Je comprends que certaines personnes puissent être choquées mais je voulais que ces lettres et ces chiffres blancs vieillissent ensemble sur la stèle noire.

Quand le soleil et la lune terniront son nom, ils terniront le mien.

Puisque nous ne vieillirons pas ensemble, l'atténuation de l'écriture sur la pierre tombale remplacera l'accélération de nos rides sur nos corps. De toute façon une partie de moi est déjà au cimetière.

En début d'année, j'ai fait graver le visage de Jean-Jacques sur une médaille que j'ai porté autour de mon cou avec son alliance durant plusieurs mois.

Aujourd'hui son alliance est à l'encolure du magnifique bouddha devant lequel je m'assois tous les matins. Je ne porte la médaille que très rarement, en revanche j'ai un bracelet noir avec une nouvelle gravure que je ne quitte jamais.

A la maison ce ne sont pas des gravures qui apparaissent sur les murs mais des photos de mon époux. Autant je n'ai pas voulu faire mettre son portrait sur la stèle, autant j'ai besoin de multiplier les photographies dans notre chambre, dans le bureau, dans la cuisine, dans la véranda et aussi sur l'écran de mon téléphone et de l'ordinateur familial.

Je ne veux pas faire de notre habitat un sanctuaire mais il faut absolument que je le vois tous les jours. J'ai tellement peur de perdre l'expression de son visage, son sourire. C'est idiot me direz-vous puisque je l'ai perdu. Oui, définitivement perdu, son image est à jamais figée.

Exactement trente et un ans après notre mariage, le 1 er août 2018 à 14h00 je me retrouve chez un tatoueur. Cette fois-ci j'ai besoin de graver son souvenir sur ma peau. Ce sera certainement le seul tatouage que j'aurais car je ne suis pas une fana de ce genre de chose. De toute façon, unique il le sera puisque j'ai choisi mon dessin, il est composé d'un demi cœur et d'une demie langue des Rolling Stones rassemblés en un seul morceau.

Le résultat peut paraître étrange pour certains mais moi je l'aime beaucoup. Il est unique comme l'était mon Amour.

Enfin, le poème.

Vers l'âge de vingt ans, j'ai écrit plusieurs poèmes qui ont été imprimé sous la forme d'un recueil « De l'aube au crépuscule » plus de deux décennies plus tard. Puis au fil des années j'en ai écrit quelques autres, soit pour un évènement particulier, soit pour un coup de gueule. En effet, la politique ou les religions peuvent me faire réagir.

Mais depuis le 18 décembre 2017, rien !

Je vis véritablement le pire cauchemar de ma vie et pas moyen de transcrire mes émotions sur papier. J'ai un trop plein de sentiments qui bloque mon écriture Comment poser des quatrains sur une tragédie ? Pourquoi faire rimer ma détresse sur papier glacé ?

Et finalement, un jour d'été 2018, en quinze minutes, c'est fait. Mon poème est là, c'est comme un accouchement en plus douloureux, tellement plus douloureux.

Promesse d'Amour

Comment me remettre de ton absence

Sans toi ma vie n'a aucun sens

Tu as décidé d'en finir

Et moi j'ai mal à en mourir

J'aimerais tant te rejoindre

Pour que ma douleur soit moindre

Chaque jour qui passe est un enfer

Du restant de ma vie que faire

Je sais qu'on se retrouvera

L'avenir nous le dictera

Et cela sera pour toujours

Sans que je mette fin à mes jours

Je l'ai promis à nos enfants

J'affronterai tempêtes et vents

C'est ma plus belle preuve d'amour

Mon fils, ma fille, mes trois Amours

Ma thérapeute.

« J'ai une thérapeute, elle s'appelle musique — Coralie Gallant »

J'ai toujours aimé la musique, la mélodie adoucit parfois mon chagrin et les mots apaisent les maux ou les réveillent mais plus que jamais j'ai besoin d'entendre des sons raisonnés pour rompre avec ce silence insupportable.

De la musique, toujours plus de musique, des textes qui inévitablement me plongent dans les souvenirs ou qui font écho à notre histoire.

Nous avions cette passion en commun, les festifs, les concerts. Quel bonheur d'avoir vu et entendu « ZZ Top » et « Les Insus » à Tours le 7 et 8 juillet 2017. Nous sommes restés des heures à attendre devant la scène avant leur arrivée respective mais quel régal. Nous étions comme des gamins enfin presque car il a bien fallu plusieurs jours pour nous en remettre, mal à la gorge, mal aux mains, et surtout mal au dos, des gamins de plus de cinquante ans !

Et puis il y a eu « Thiéfaine, Cabrel, Matmatah, Status Quo, Tryo, Merzhin et tous les autres.

Selon « Platon » ou encore « Aristote », la musique adoucit les mœurs.

A contrario, selon « Hector Berlioz » elle peut déclencher des réactions très négatives chez les personnes hypersensibles.

Pour moi c'est une thérapie et même la meilleure des thérapies.

Ma musicothérapie peut exacerber mes sentiments tout comme elle peut les adoucir, les apaiser.

Je pourrais me réfugier dans l'alcool ou la « fumette » mais ma drogue à moi c'est la musique. De belles mélodies, de belles compositions et des textes bien pensés, bien écrits.

Début 2018, mon neveu a composé « il s'en est allé dans le silence » à la mémoire de son oncle. Pas besoin de texte sur cette musique, l'émotion est à son comble. Paradoxe, quelle beauté dans cette tristesse ! Puisses-tu l'entendre mon Amour.

« Puisses-tu » est le titre d'une chanson de « Jean-Louis Aubert » que j'écoute très souvent depuis mai 2019. C'est un peu comme une bouée de sauvetage, j'ai pris ces paroles comme un message de Jean-Jacques, « puisses-tu vivre, continuer... » A chaque fois que j'ai l'impression de sombrer ou que je n'ai plus la force de continuer (souvent le matin ou le soir au couché), j'écoute ce morceau et j'imagine qu'il me parle, il me dit de continuer à vivre.

Mais toi que ferais-tu à ma place ? Aurais-tu la force de continuer ?

Je me souviens que fin juillet 2017 j'ai été hospitalisée quatre jours pour un petit problème aux reins et tu étais si impatient que je revienne chez nous.

Tu me disais que la maison était vide sans moi, je te manquais, tu ne pouvais pas vivre sans moi.

Juste quatre jours (en incluant tes visites à l'hôpital).

Aujourd'hui, samedi 13 juillet 2019, cela fait cinq cent soixante-douze jours (oui 572 jours) que tu t'es pendu. Cinq cent soixante-douze jours que la maison est vide sans toi. Il faut multiplier tes 4 jours par 143.

Et ce n'est pas fini tic-tac, tic-tac … les jours passent et moi je dois vivre sans toi.

Alors oui, je vais écouter de la musique encore et encore. Décortiquer des textes, découvrir de nouvelles mélodies.

Si vous passez devant la maison et que vous entendez «la chaîne » raisonner, dites-vous que je suis en tête à tête avec ma thérapeute et qu'elle fait tout son possible pour que j'aille un peu mieux.

Le soutien.

« *La souffrance n'a pas beaucoup d'amis, mais ceux qu'elle a sont sincères — Anne BARRATIN* »

Comme je l'ai déjà dit, lorsque vous êtes confronté à la mort par suicide, vous êtes transformé à jamais, mais pas seulement, votre entourage aussi se transforme.

J'entends par entourage la famille et les amis.

Ah les amis ... Il y a ceux qui sont venu à l'enterrement de Jean-Jacques en me promettant leur soutien, puis plus rien.

Il y a les amis que j'appelle les amis par intérim. Ceux-là sont venus une fois ou deux me voir, certains d'entre eux m'ont dit que c'était maintenant à mon tour de venir leur rendre visite. Sur le fond, je suis d'accord mais croyez-vous que ce soit facile pour moi. Les choses les plus naturelles me paressent indécentes, comme si je n'avais pas le droit.

D'autres m'ont dit qu'ils reviendraient à nouveau mais finalement je crois que je leurs ai fait peur. N'ayez crainte messieurs je ne vais pas vous sauter dessus, aucun risque pour vous. Mes amis par intérim, je ne vous en veux pas, il n'y a pas de contrat de signé entre nous mais si vous voulez revenir me voir, ma porte reste ouverte.

Puis j'ai mes amis collègues, tout en respectant ma douleur ils sont là pour m'épauler, me rendre service. Je pense en particulier à une personne qui répond présent quand j'ai besoin d'un conseil ou d'un coup de main, merci JP.

Et ma Lolo, ma collègue, mon amie, mon pilier. Elle me soutien depuis le début, elle m'aide à avancer. Son attention et son écoute sont si importantes pour moi, elle accepte volontiers mes rires artificiels ou mes silences, elle sait à quel point j'ai changé, merci Laurence pour « ta petite lettre » et ton amitié

J'ai également un soutien de la part de mon employeur (le maire de la commune) Je le sens déstabilisé face à ma souffrance. Quelques semaines après le décès de Jean-Jacques, juste avant une réunion de conseil municipal j'ai commencé à craquer avant l'arrivée des élus, il m'a dit de me reprendre. Surprise je me suis exécutée, amèrement j'ai retenu mes larmes et j'ai vite compris que sa sensibilité le mettait mal à l'aise mais qu'il m'aiderait à sa façon.

C'est un homme très « humain », à chaque fois que je dois me rendre à un groupe de paroles ou un rendez-vous important, il accepte de modifier mes horaires de travail. Cette souplesse m'a permis de continuer à assumer jour après jour mes fonctions professionnelles. Je le sens attentif à ma santé, merci à lui.

Côté noyau familial, bien sûre j'ai mes deux trésors, Julien et Marylou, nous nous soutenons mutuellement. J'ai aussi ma future belle fille et sa famille.

A leur manière mes petits-enfants me font avancer, ils sont si jeunes, j'espère qu'ils garderont le souvenir de leur papy très longtemps.

Notre famille entière s'est métamorphosée, le soutien de certains proches semble impossible. Est-ce la douleur ou autre chose qui les éloigne de moi, de nous ?

« Si mon absence ne change rien dans ta vie, c'est que ma présence n'avait pas d'importance — Appolinaire NSABIMANA ».

Eté et Automne 2018.

Les jours, les semaines, les mois passent lentement et la douleur se creuse progressivement au plus profond de moi. Elle me ronge, me dévore.

J'ai l'impression d'être un fruit que l'on a évidé et dont il ne reste que la peau. Une peau fragile, meurtrie à jamais. Je suis épuisée.

Ce qui m'épuise le plus c'est de faire semblant devant les autres, je m'efforce de parler, de sourire et même de rire en « société » mais « en vase clos », là, je m'écroule complétement.

Comment accepter l'absence de l'Homme de ma vie, mon Amour.

Encore une fois, dites-moi que c'est un cauchemar et que demain tout redeviendra comme avant. Oui, dites-moi qu'il sera avec nous pour fêter l'anniversaire de notre « Marylou chérie » le 3 septembre. Au moins quelques jours près de nous. Comme je l'ai écrit à « ma collègue pilier », j'échangerais chaque année qu'il me reste à vivre contre une journée avec Jean-Jacques.

Vous imaginez 30 ans (si je vivais jusqu'à 85 ans !) pour 30 jours avec mon Amour Un petit mois de bonheur absolu, rien d'autre

Un mois sans larmes, sans souffrance, sans ces questions incessantes qui vous rongent le cerveau et le cœur POURQUOI ?

Seulement quatre semaines pour le voir, l'entendre, l'embrasser, le respirer, le caresser, l'aimer.

Si le « Bon Dieu » existait, il aurait répondu à mes supplications.

Et s'il n'y a rien après la mort, comment espérer se retrouver un jour.

J'ai passé mes congés d'été à bosser sur notre terrain en me disant que mon Amour doit être fier de moi là-haut mais s'il n'y a rien, à quoi bon ?

A quoi bon s'épuiser à continuer si tu ne peux pas veiller sur nous, Notre force fragile va-t-elle résister ?

La veuve en couleurs.

« Toutes les couleurs disparaissent dans la nuit, et le désespoir ne tient pas de journal _ Charles Robert MATURIN ».

Aujourd'hui on n'impose plus aux veuves (ni aux veufs) de s'habiller en noir durant un an pour la période dite de deuil même si parfois les couleurs sombres restent de mise, Je ne ferais aucun commentaire sur les conventions ou traditions passées, c'est inutile et sans intérêt.

Après le suicide de mon mari, durant plusieurs semaines, je ne me suis pas préoccupée de mon apparence (aspect vestimentaire) ni de mon hygiène de vie (alimentaire et corporelle), hormis le jour des obsèques.

Pourquoi se faire « belle » alors que ses yeux ne me regardent plus ?

A vrai dire je ne me suis pas posée la question à ce moment-là, quelle futilité ! L'onde de choc avait envahie mon être tout entier et il fallait décider de survivre ou de tout abandonner. Vivre ou mourir ?

J'ai choisi de continuer, ce sera la couleur le jour et le noir la nuit. Et parfois noir obscur pour nuits blanches.

Progressivement, je me suis remaquillée (légèrement) et j'ai repris mes habitudes vestimentaires. J'adore les couleurs, alors pour protéger ce corps amaigri j'ai osé à nouveau.

Jean-Jacques était sensible à mes tenues, il me suivait volontiers dans les boutiques. Il me trouvait toujours belle, l'amour rend aveugle, si seulement cela avait pu le rendre sourd à l'appel du suicide.

Le matin quand je me prépare je me demande si je lui plairais encore.

Je m'interroge aussi sur ce que les « autres » pensent.

Trouvent-ils mes vêtements et mes chaussures trop colorés ? Se disent-ils que finalement je m'en sors plutôt bien ?

Mes enfants m'encouragent. N'ai-je pas dit que je vivais pour eux, alors la veuve continuera de mettre des couleurs.

Notre route.

Les enfants et moi, nous continuons notre chemin face à la tempête. Chaque pas nous demande beaucoup d'effort. Je suis fière de vous mes enfants.

Malgré le chagrin Julien a continué courageusement les travaux entrepris chez lui, l'aide et les conseils de son papa lui manquent énormément mais il avance.

Julien a également fabriqué une magnifique guitare en bois que nous avons déposé sur la tombe de son père. Cet instrument de musique a été peint en noir, décoré avec des fleurs artificielles blanches et la langue des « Rolling Stones ». Jean-Jacques serait lui aussi fier de son Juju.

Un an après c'est une note de musique qu'il a confectionnée. Bravo mon grand.

Julien s'est un peu plus ouvert à moi depuis le drame mais il reste cependant assez réservé. Nos douleurs respectives nous mènent parfois à certaines incompréhensions mais nous restons soudés, je l'aime tellement, je sais qu'il m'aime aussi, j'aimerais tant qu'il n'ait pas eu à subir tout ceci.

Marylou avance elle aussi mais de terribles bourrasques freinent énormément sa progression. Elle se sent coupable de ne pas avoir été avec son père le lundi 18 décembre 2017. Elle se torture.

« Si j'étais venu le voir ? Si nous avions été à la salle de sport comme régulièrement ? Si j'avais pu lui parler ? S'il avait pu se confier à moi ?

Mais mon bébé tu n'y es pour rien, strictement pour rien. Je ne veux pas que tu te culpabilise et papa ne voudrait pas te voir ainsi.

Marylou et moi sommes devenues fusionnelles. Dès qu'elle le peut, elle vient à la maison et nous nous appelons plusieurs fois par jours. C'est vital, nous avons besoin l'une de l'autre.

J'ai besoin de toi ma Loulou, mon Emeraude. J'ai besoin de toi mon Juju, mon Saphir. J'ai tellement besoin de vous mes Trésors et vous de moi.

Décembre 2018, dérapage contrôlé et demande inattendue.

Inévitablement, je glisse vers le mois de décembre avec une profonde tristesse. Comment vais-je arriver à gérer mes émotions ?

Il faut à la fois « essayer » de partager l'enthousiasme des petits-enfants à l'approche de Noël et préparer mes entrailles à une douleur infinie.

Il n'y aura pas de sapin à la maison mais pas question de priver les « Bout 'chou » de la magie de noël. Je m'efforcerais donc de leur choisir des cadeaux qu'ils ouvriront chez eux.

Ils sont trop petits pour associer le mois de décembre au décès de leur papy, ils doivent continuer de rêver et de vivre normalement.

En revanche, lorsqu'ils seront plus grands, je souhaite que Julien et Graziella leurs expliquent la façon dont Jean-Jacques est parti. Je ne veux pas de tabou ni de nouveaux secrets de famille.

Mais pour l'instant nous n'en sommes pas là.

Le compte à rebours s'accélère. Le 18 décembre après notre journée de travail Marylou et moi passons la soirée et la nuit chez Julien. Il était impossible pour moi de rentrer à la maison à 18h00. Comment ouvrir la porte d'entrer, faire un demi-tour pour la refermer et faire face aux garages.

Pourtant, en cours d'année, les portes de ces derniers ont été changées par des portes automatiques, premièrement parce que Jean-Jacques et moi avions signé le devis pour ce projet (le dernier) et deuxièmement parce qu'il fallait transformer cette façade pour continuer à entrer à l'intérieur.

Aujourd'hui j'y rentre plus facilement mais je ne lève jamais la tête (regard droit ou tête baissée).

Le dimanche 23 décembre les enfants sont à la maison, il y a un an jour pour jour c'était l'enterrement de leur papa. L'atmosphère est pesante, nous avons si mal, j'ai si mal. En milieu d'après-midi Julien et Graziella repartent chez eux et il est prévu que Marylou et moi les rejoignions une heure après.

C'est là que se produit mon petit dérapage.

Je suis si fatiguée que je veux que cela s'arrête juste quelques instants, je veux me reposer sans penser, sans pleurer. Juste me reposer.

Alors je vais dans ma chambre (notre chambre mon Amour) et j'avale quelques somnifères, pas pour mourir car je l'ai promis à nos enfants, juste pour dormir. Lorsque ma fille s'en aperçoit elle appelle son frère qui revient immédiatement avec sa compagne

Pas de panique, je vais roupiller quelques heures, être à côté de mes pompes le restant de la soirée, Marylou dormira avec moi cette nuit et demain lundi 24 décembre j'irai travailler (pas de vacances en cette fin d'année).

Rien de grave mais pardon mes Trésors, vous portez déjà votre chagrin, alors pas besoin d'une maman qui lâche prise.

Je vous jure que mon dérapage était contrôlé, je voulais juste me reposer.

Dans la nuit du 24 au 25 décembre, Marylou a choisi de bosser, en ce qui me concerne, après ma journée de travail, il est prévu que je retrouve Julien, Graziella et sa maman pour un simple diner chez eux.

Finalement je préfère me coucher tôt alors je décline leur invitation.

En revanche, le 25 nous sommes tous les cinq chez mon fils et son amie (leur famille étant recomposée, cette année les enfants sont chez leur autre parent).

Ce jour-là nous nous mettons à table assez tard, vers 14h30 je crois. D'abord parce que Marylou doit dormir un peu après sa nuit de travail et que nous allons ouvrir nos cadeaux (oui malgré tout).

Je vous passe l'ouverture des cadeaux, tout le monde a été gâté.

Enfin, il en est un dont je ne peux pas faire l'impasse, il s'agit de celui de Graziella. Elle ouvre l'ultime présent qu'il reste à déballer. Une grande boite et dedans une plus petite dans laquelle se trouve une boule de Noël.

Mais pas n'importe laquelle, il y a un message à l'intérieur ... et Julien se met à genou pour lui offrir une bague.

Après un moment de flottement je réalise que mon fils vient de faire sa demande en mariage. Graziella verse quelques larmes de joie et je vois enfin mon Juju sourire vraiment (cela faisait si longtemps).

La date du mariage.

« Il y a des émotions qu'on ne peut pas définir — George SAND »

Nous sommes le 25 décembre 2018 et voilà qu'un mariage se profile à l'horizon mais je ne suis pas au bout de mes surprises.

Julien et Graziella se marieront le samedi 1 er août 2020 à 14h dans ma commune. OUI … le même jour, à la même heure et dans le même village que pour son papa et sa maman !

Je suis extrêmement émue, trente-trois ans après Jean-Jacques et moi, notre fils va épouser ma future belle-fille. Et en plus, en tant que secrétaire de mairie, ce jour-là je serais aux côtés de Monsieur le Maire. Mon Amour, qu'en penses-tu de là-haut ?

Je suppose que si tu n'étais pas décédé, ils n'auraient pas forcément choisi cette date (zut, les « si » et les « quand bien même » ne vont pas remplacer les « pourquoi ».

Merci mon Julien, merci Graziella.

Pour ceux qui ont peur que l'histoire se reproduise je leur réponds simplement

« Le 1er août 1987 n'est pas une date « maudite » mais une date inoubliable et empreinte d'un bonheur absolu que Jean-Jacques et moi avons partagé ».

Nous avons un an et demi pour nous préparer et cela ne sera pas de trop. Dix-huit mois pour essayer d'adoucir notre immense chagrin, notre souffrance infinie. Je continue ce combat plus que jamais car je veux que le 1er août 2020 reste à jamais gravé dans leur mémoire.

Ce jour-là Jean-Jacques sera avec nous (c'est sûr).

Début 2019

Cela fait plus d'un an

Un an, est-ce que la boucle doit être bouclée ? Réponse : non.

La douleur est toujours là et le manque s'est cruellement installé. Collé à la peau il empêche mon corps de respirer.

J'ai mal au cœur, j'ai si mal, j'ai le mal de Toi mon Amour.

Mes journées sont rythmées par le travail à la mairie, le passage au cimetière, l'entretien de la maison et du terrain.

Aujourd'hui, lorsque que je repasse le linge, je sais qu'il n'y a que le mien. Il y a un an, courant janvier 2018, je me souviens que je m'étais étonnée de ne pas repasser les vêtements de Jean-Jacques. Ce banal questionnement avait été pour moi un véritable choc. Le fer à repasser ne glissait plus sur ses habits, donc il n'était plus là. La réalité m'avait rattrapée.

Cette anecdote peut vous paraître dérisoire mais si vous saviez comme cela m'a bouleversé.

Le repassage est devenu pour moi une tâche un peu compliqué.

« *A partir d'un certain moment, il devient simple de comprendre des choses très compliquées et compliqué de comprendre des choses très simples_ Francis DANNEMARK* ».

Je m'occupe aussi de mes petits animaux (poissons rouges et poissons de bassin, canaris, perruches omnicolores, lapin nain, poules pondeuses et un chat semi sauvage que je considère comme notre chat d'adoption).

Oasis, une jolie petite chatte est venue agrandir la petite ménagerie (oui, j'ai pris un animal de compagnie non, évidemment, il ne remplace pas Jean-Jacques !)

« Au revoir » Monsieur le psy.

En 2018, j'ai consulté un infirmier psychologue, les séances étaient espacées mais régulières. Ces consultations m'aidaient, je pouvais pleurer devant quelqu'un, plus de « vase clos » pendant ces moments qui duraient une heure, voire une heure trente. Il me disait que j'avançais progressivement. Moi, je ne voyais pas forcément une avancée mais j'arrivais à analyser certains de mes comportements. Il était convenu que la première séance de 2019 serait le mercredi 20 février, j'avais choisi cette date qui se trouvait « pile » entre la date de nos anniversaires respectifs (moi le 18, Jean-Jacques le 22)

C'était très important pour moi de pouvoir échanger à cette période encore une fois très difficile à traverser.

Mais le mercredi 20 février 2019 lorsque je me suis présentée à son cabinet, la secrétaire m'a dit qu'il était en congés. Double oubli, il avait oublié qu'il était en repos cette semaine-là et il avait oublié de me rappeler pour me prévenir.

Désemparée, je suis rentrée chez moi. Je n'étais pas en colère mais j'avais l'impression qu'on m'avait privé d'un remède, d'un pansement, de quelque chose de fondamentale.

Quelques jours plus tard, il m'a laissé un message sur le répondeur en s'excusant, Bien entendu il était tout excusé, cependant à ce moment-là j'ai décidé d'arrêter les consultations avec lui. Pas pour en reprendre avec un autre psychologue mais tout simplement parce que l'instant était venu.

Si j'avais pu traverser cette période sans son soutien, sans son écoute, alors je pouvais continuer à avancer « clopin-clopant ».

Je vais poursuivre mon chemin avec une béquille en moins.

Honnêtement, je ne sais pas si cette décision est due à un sentiment d'abandon intérieur ou d'un pseudo pas en avant.

Il faut parfois mettre les deux genoux à terre pour se relever.

« Au revoir » Monsieur l'infirmer psy et merci, Si je n'arrive pas à me relever, je reviendrais peut-être.

Mon chemin tortueux.

« *Les chemins tortueux ont au moins l'avantage de te garder éveillé_Germain VERONNEAU* »

Les jours et les semaines passent, je poursuis mon chemin.

Mes enfants et mon ange gardien sont près de moi. Je sais que d'autres personnes ne sont pas trop loin. Le sourire d'un ami ou les paroles d'une collègue font comme un pansement, on m'aide à avancer sur ma route tortueuse.

Accidentée de la vie, accidentée du cœur, pas à pas, je dois continuer à me battre, je dois avancer.

En septembre 2019, je vais commencer des cours d'aquagym avec ma Betty. Ces séances hebdomadaires devraient soulager mon corps meurtri.

Puis la perspective de l'ouverture d'un groupe de paroles sur « les endeuillés par suicide » à Poitiers (eh oui tout arrive !) me rassure.

J'ai encore besoin de partager mon histoire avec des personnes qui comprennent vraiment. Je sais qu'avec eux il n'y aura pas de tabou, les regards ne fuiront pas, les larmes pourront couler sans embarrasser autrui. Nous serons face à notre réalité, notre douloureuse réalité, celle qui dérange les gens qui ne savent pas.

Je dois continuer mon chemin sans Jean-Jacques, puisses-tu m'aider mon Amour.

Moi, je n'ai pas su le faire pour toi et ce malgré tout mon amour, un amour infini. Un mal te dévorait ... Pardonnes-moi.

Ma survie est une souffrance permanente, j'aimerais tellement te rejoindre mon Amour pour pouvoir l'abréger, mes nuits me tourmentent. **Je meurs de toi.** Mais voilà, nos adorables enfants, les fruits de notre immense amour ont besoin de moi, je ne peux pas rajouter du chagrin à leur chagrin, alors **je vis pour eux.** Et pour ton souvenir.

Epilogue

« Julien, mon bébé, mon enfant, s'est suicidé le 18 juin 2021, (Officiellement décédé le 19 juin 2021 à 00h40)

Soit trois ans et six mois après son papa.

C'est Marylou, ma puce qui l'a dépendu.

Son corps nous a été rendu le 24 juin, le jour de ses 33 ans.

Il repose près de son papa depuis le samedi 26 juin au cimetière de Martaizé

« LA VIE EST UN ÉTERNEL CAUCHEMAR ! »

A Jean-Jacques

Merci pour les années « Bonheur » passées avec toi.

Merci de m'avoir « AIMÉ »

Tu es l'Amour de ma vie.

Partie 2

Et maintenant, qui suis-je ?

Bis repetita non placent

« Julien, mon bébé, mon enfant, s'est suicidé le 18 juin 2021 (Officiellement décédé le 19 juin 2()21 à 00h40) Soit trois ans et six mois après son papa.

C'est Marylou, ma puce qui l'a dépendu

Son corps nous a été rendu le 24 juin, le jour de ses 33 ans.

Il repose près de son papa depuis le samedi 26 juin au cimetière de Martaizé.

« LA VIE UN ÉTERNEL CAUCHEMAR ! »

Voici les derniers mots rajoutés à la fin du récit "JE MEURS DE TOI, JE VIS POUR EUX "

Aujourd'hui, plus de vingt-six mois après le suicide de Julien (non, je ne compte plus les jours, ceci est bien trop épuisant), je me remets à l'écriture, je pose à nouveau des mots sur papier. Mais pas question de retracer l'histoire du suicide de mon bébé, de mon fils adoré, c'est IMPOSSIBLE pour moi.

« L'impossibilité de me faire comprendre est ma véritable raison d'être _ Yukio Mishinla »

Non je ne veux pas revenir sur ce nouveau choc, ce nouveau déni … etc.

Toutes ces phases de deuil encrées en moi pour toujours n'ont pas besoin d'être transcrites comme un exutoire.

Je dois trouver un autre antidote pour survivre à ce deuxième drame.

Un trou dans le ventre.

L'impensable se reproduit mais comment tolérer l'intolérable, accepter l'inacceptable, penser l'impensable.

Comment mon corps, mon esprit et mon cœur vont-ils pouvoir supporter ce deuxième suicide ?

De la même manière, NON car perdre un enfant, son enfant par suicide est un supplice qui vous ronge mais différemment.

Comme pour Jean-Jacques mon cœur est meurtri, mon corps et mon esprit souffrent le martyr mais une résonnance plus particulière se fait sentir.

Cet endroit qui est déchiré à jamais c'est mon VENTRE.

Après le suicide de Julien, je voulais absolument que l'on me remette mon fils dans le ventre. Accoucher à nouveau et refaire l'histoire, notre histoire.

Un recommencement en quelque sorte.

Mais là encore mes supplications n'ont rien donné, mon bébé est parti au ciel pour toujours, laissant un trou béant dans l'abdomen. Une déchirure dans ma chair, un ramassis de peau, d'organes extirpé de mon corps. Un vide absolu qui vous fait hurler de douleur.

« J'ai lutté contre moi, j'ai crié. j'ai souffert, esseulé dans la nuit de mon âme blessée, et, ma vie en lambeaux je sors de mon enfer car j'ai trouvé l'enfer au fond de ma pensée - Albert Giraud »

Une famille tronquée.

Notre noyau familial est amputé des deux hommes de notre vie, pour moi un époux et un enfant, pour Marylou un papa et un frère.

D'une famille heureuse, il ne reste que deux femmes soudées qui doivent continuer à se battre pour survivre à cette double tragédie.

Promesse est faite, pas de suicide ni pour l'une ni pour l'autre et il va falloir beaucoup de force pour tenir cet engagement.

Un énorme contrat signé entre Marylou et moi (non pas sur papier mais signé sur nos cœurs).

Un pacte scellé au plus profond de nous.

Désormais nous devons avancer coûte que coûte. Si l'une tombe, l'autre la relève même si nous devons y laisser un peu de nous.

« La force n'a rien à voir avec les capacités physiques. Elle émane d'une volonté indomptable

— Mahatma Gandhi »

Notre famille est également amputée mais d'une autre manière. Des personnes proches qui ne prennent pas de nouvelles comme si nous avions disparu de leur vie.

Au début cela fait mal puis naturellement ils disparaissent de la nôtre.

C'est une acceptation plutôt facile à accomplir dans la mesure où nous devons nous concentrer vers un hypothétique apaisement.

La colère, je sais maintenant la réfréner, pourtant elle persiste en moi en ce qui concerne une personne que je ne peux nommer dans ce récit. Elle s'est même transformée en « haine ».

Pour ne pas cultiver cette animosité, les liens se sont définitivement rompus.

La confiance que je lui avais donnée (que nous lui avions donnée) est parti en éclats, douloureusement, très douloureusement.

« Il existe des trahisons qui ne peuvent se pardonner, ni même s'expliquer de quelque manière que ce soit — Henning Mankell »

Puisqu'un changement irrémédiable s'est imposé à moi, je vais changer de route, je vais me balader sur des sentiers plus sécurisant où l'air sera plus respirable.

Un chemin que je pourrais arpenter avec prudence, en harmonie avec moi-même.

Une route sécurisée que je prendrais avec ma fille et pour ma fille. Nous passerons tous les obstacles ensemble, ainsi nous avancerons telles des guerrières sans arme mais la tête haute.

Mon rapport à l'autre.

Les séismes laissent très souvent des traces. Ceux qui sont venus bousculer ma vie ont forcément fait dévier ma route, c'est une certitude.

Mais l'analyse de ce changement de chemin est plus complexe que ce constat si évident.

Je suis encore debout et j'avance avec des béquilles (enfin mes béquilles).

Ce sont des médicaments que j'ingère (antidépresseurs et anxiolytiques) et un suivi avec un psychiatre exceptionnel qui s'investi énormément sur la problématique des suicides et sa prévention.

La prise de ces médicaments ne me pose plus de problème. Contrairement aux idées reçues, il ne s'agit pas d'un engrenage. Il faut simplement savoir se soigner.

Lorsque vous avez mal quelque part, vous prenez un antalgique pour faire disparaitre la douleur.

Pour moi la douleur ne s'effacera jamais mais elle devient un peu plus supportable.

Puis comme pour se protéger, mon rapport à l'autre s'est transformé, mes relations humaines se sont modifiées de façon naturelle.

Ce changement de comportement m'aide à avancer et à poursuivre mon chemin terrestre plus sereinement.

Concrètement ceci se traduit par un besoin de faire plaisir aux personnes qui m'entourent, soit par des cadeaux, soit par des marques d'affection décuplées.

Je n'hésite plus à dire aux gens que je les aime. Mes étreintes et mes paroles sont sincères et calment mon for intérieur.

Je m'ouvre volontiers à des petits moments partagés et privilégiés. Je savoure ces instants comme de délicieuses petites pâtisseries. Les parts ne sont pas forcément énormes mais elles laissent un gout agréable au palais.

Pour les personnes qui me blessent ou me déçoivent, un changement s'est également opéré. Je ne laisse plus personne abimer mon affect, je laisse couler, ce n'est pas grave.

Mon cœur et mon esprit n'ont plus de place pour pomper les parasites. Tous les deux font bloc pour protéger mon corps et surtout ma vie.

Pour autant, je ne suis ni muette, ni sourde et je continue à défendre mes avis, mes convictions avec ferveur et parfois avec humour.

Je peux fermer les yeux sur la bêtise humaine comme je peux en rire ou l'analyser, le sujet est tellement vaste.

Je sais également m'auto analyser, parfois avec peur, parfois avec dérision.

L'essentiel c'est de relativiser les choses. Donner de l'importance à l'important et jeter le superflu. Consommer la vie sans modération mais faire du tri dans ses placards (attention je ne parle ni de vaisselle ni de guenilles).

Vivre mieux pour ne pas mourir, pour survivre aux drames de ma vie, pour continuer à avancer avec ma fille Marylou.

« Aimer les autres ? Oui ! En dépendre ? Non ! Ne pas confondre les intérêts d'autrui avec les siens, c'est la base de l'équilibre intérieur - Patrick M Lilhanda »

Ma guerre de religion.

Dans le langage courant, être catholique signifie, en général, être né clans une famille appartenant à cette tradition, tandis qu'être chrétien, au sens propre du terme, signifie s'être volontairement et sciemment tourné vers Jésus-Christ.

Partant de cette définition, je suis catholique puisque je suis baptisée, j'ai fait ma première communion et ensuite ma profession de foi puis je me suis mariée à l'église.

Plus jeune (entre 8 et 14 ans) j'ai choisi d'aller régulièrement à l'église et je faisais ma prière le soir avant de m'endormir, j'étais donc chrétienne pratiquante.

Les années s'écoulant, les prières se sont arrêtées et les passages à l'église se sont rarifiés.

Pour autant, nos enfants sont baptisés et ils ont fait leurs communions respectives. en août 2020 Julien s'est marié à l'église puis y est malheureusement repassé avant de rejoindre son papa pour l'au-delà le 26 juin 2021.

Jusqu'à présent la question de l'existence de Dieu ne se posait pas vraiment, la tradition perdurait tout naturellement mais un jour le doute a taraudé mon esprit.

« *Le doute est le commencement de la sagesse - Aristote* »

Mes amours (Jean-Jacques et Julien) sont-ils auprès de Dieu, notre dieu ?

Le « dieu » du christianisme est-il plus légitime que celui de l'islam. du bouddhismes du judaïsme de l'hindouisme ?

Depuis presque toujours les Hommes ont prôné leurs dieux respectifs pour malheureusement une même finalité, les guerres de religions

catholiques / protestants

orthodoxes / musulmans

musulmans / hindous

musulmans / catholiques

Un nombre inconsidérable de morts pour un dieu !

Quel dieu voudrait ceci !

La religion n'est-elle pas un prétexte que l'homme a Inventé pour déferler la violence dans le monde entier.

Les tsunamis qui traversent ma vie ont busculé ma foi chrétienne mais je souhaite passer à l 'église pour mon dernier voyage (sait-on jamais !)

« La religion c'est le prêt-à-penser imposé à tout le monde, la spiritualité c'est une perception élevée de ce qui peut être au-dessus de moi - Bernard Werber »

Une croyance spirituelle.

N'ayant pas d'autre choix que de continuer à vivre, je me suis mise à la recherche d'un sens profond à la vie. Je devais trouver une énergie profonde, une vitale.

Pour cela j'ai privilégié les fondamentaux

Le premier de ces fondamentaux, l'écoute.

L'écoute des autres mais surtout l'écoute de soi, pas par égoïsme par nécessité.

Mais cet exercice n'est pas si simple à réaliser, comment se ménager et comment se dorloter soi-même ?

Me ménager physiquement, j'ai du mal à le faire, j'ai besoin d'être en action, d'enchaîner les tâches quotidiennes mais je peux maintenant me réfréner.

Certes je ne dois pas me laisser dépasser mais je prends aussi du temps pour des petits riens.

Des petits riens qui ont de plus en plus d'importance pour mon équilibre et mon bien être. Ecouter les oiseaux, regarder le ciel, les nuages, les étoiles, respirer profondément maintenant je sais le faire réellement.

J'ai conuncencé à observer les oiseaux le matin en ouvrant mes volets (au début, surtout les week-end et pendant les congés). A chaque fois il y en a plusieurs qui virevoltent. qui sifflent. Puis j'ai pris des moments pour m 'asseoir sur l'herbe ou pour me poser ailleurs et écouter les bruits qui m'entourent. Quel privilège d'être à la campagne !

On entend des bruits comme des ricochets. D'abord des oiseaux, puis le bruissement du vent dans les arbres, un chat qui miaule, un peu plus loin d'autres cris d'oiseaux. un tracteur qui passe et soudain le chant d'un coq.

A première vue, on pourrait percevoir le vieux cliché sorti tout droit de notre belle petite cambrousse mais c'est tellement plus. Un découpage de sons qui dans un premier temps se superposent puis qui s'entremêlent, il suffit alors de rajouter tranquillement notre respiration.

S'écouter c'est également savoir se remettre en question pour se faciliter la vie au quotidien. une petite voix intérieure qui peut te dire « stop » ou « non » et surtout te dire « Patricia, ce n'est pas grave ».

Mes maladresses, mes inattentions. voire mes précipitations me font régulièrement échapper ou casser des choses. Avant ces évènements anodins pouvaient me faire pleurer ou me mettre en colère, je ruminais ma petite bêtise.

Aujourd'hui, si je renverse mon café, si je casse la bouteille de jus de fruits en la sortant du réfrigérateur. je lance un petit « bon. ça s'est fait ! » et je nettoie sereinement.

Si j'abîme un objet auquel je tiens, je me dis « Patricia trouve un moyen de le réparer ou de le sublimer ». Le transformer pour le voir différemment.

Je classe la vision en deuxième position dans l'ordre de mes fondamentaux.

« La vue est le sens qui permet de réagir à l'environnement distant au moyen des rayonnements lumineux. L'œil est l'organe de la vue, mais la vision, c'est -à-dire le perception visuelle implique des zones spécialisées du cerveau – Wikipédia »

En général, voir est pour nous un sens naturel. Nous voyons pour nous déplacer, nous orienter. Nous voyons des gens, des écrits, des choses, des paysages et notre cerveau nous fait réagir d'une façon ou d'une autre à la vision qui s'offre à nous.

J'ai appris à voir autrement, à m'attarder sur la beauté de la nature, des animaux et parfois sur l'environnement créé par l'Homme.

J'ai une sensibilité pour les couleurs. les formes et tout particulièrement sur celles des nuages. Le contour et l'apparence des nuages sont très souvent en mouvements. La matière m'apparait comme malléable et prend des allures magiques.

La silhouette imaginaire d'un avion prend la forme d'un oiseau puis d'un boomerang. Celle d'un nounours se transforme en un visage. Le dégradé des tons de blanc ou de gris sont également surprenants.

Mon émerveillement se tourne également vers les arbres. Certains semblent torturés, d'autres dégagent une force magistrale même en hiver.

Pour apprécier la beauté des arbres il a fallu que je fasse un énorme travail sur moi.

Julien s'est pendu à un cerisier, alors comment associer un arbre a quelque chose de beau ! La logique voudrait que je haïsse les cerisiers, et pourtant, ils ne sont pas coupables des drames qui se jouent sous leurs branches. Tout comme les voitures, les couteaux, les fusils, les cordes ne sont pas coupables. On se sert d'eux.

Pour me réconcilier avec les arbres, j'ai planté un cerisier face à la chambre de mon fils et il pousse, il prend vie.

Ces visions me font du bien mais la vue d'un oiseau reste la plus forte, la plus belle, la plus importante pour moi.

Lorsque je vois un ou plusieurs oiseaux une émotion particulière résonne en moi. Un ressenti inexplicable m'envahi. Je sais que je suis en communion avec une force inconnue, je suis en chemin.

« Ce qui importe, ce n'est pas d'arriver, mais d'aller vers – Antoine de Saint-Exupéry »

La passerelle.

Je pense ou plutôt mon for intérieur me fait penser que les oiseaux sont des messagers entre le monde terrestre et le spirituel.

Pour moi, leur apparition est un signe un message, ils ne sont pas là par hasard. Ces oiseaux ont su trouver la passerelle entre le monde terrestre et l'au-delà, une passerelle invisible mais atteignable.

Je les vois souvent par deux, ou trois et je sais d'où me viennent ces messages.

A ce moment précis de mes écrits. je sais ce que vous pensez et quelles sont les questions qui vous viennent à l'esprit :

« Patricia devient folle »

« Il va falloir la faire hospitaliser »

« Le chagrin a fini par la faire dérailler »

« Vous êtes sure qu'elle ne boit pas ? »

Puis

« D'où viennent ces message ? »

« C'est évident. c'est son fils Julien et son mari Jean-Jacques, mais le troisième ? »

« Peut-on la soigner ? »

Comment répondre à tout ça …

Bon peut-être que mon instinct de survie est agrémenté par un grain de folie, je l'avoue. Et alors, aujourd'hui nombre d'entre vous se laisse berner par les intox des réseaux sociaux et la surenchère des journalistes.

Il est plus doux pour moi de penser à une accessible communication, Une liaison qui s'établit quand il le faut. où il le faut et surtout avec les êtres choisis.

Pour mettre fin au suspens. la troisième personne c'est mon grand-père maternel, mon pépé.

Mon grand-père était une personne très discrète qui ne communiquait pas beaucoup mais qui avait un cœur immense, bon parfois un peu bougon mais un amour de « pépé ».

Mes grands-parents maternels m'ont élevé avec ma maman jusqu'à l'âge de 18 mois puis, après ma majorité, ils m'ont à nouveau ouvert leur porte. Pour autant j'ai été élevé par mes deux parents et j'ai grandi avec mes sœurs et mes frères.

Je sais aujourd'hui que mon grand-père était pour moi, le premier Homme de ma vie. La première personne pour qui je comptais vraiment et que j'ai vu pleurer quand pour moi la vie n'était pas vraiment rose.

En général pour les filles, le premier homme de leur vie c'est leur « papa », leur référent, moi c'était mon « pépé » et pourtant je crois que je ne lui ai jamais dit « je t'aime ».

C'est un regret que j'ai eu pendant longtemps mais maintenant je sais qu'il sait ...

« Qu'y a-t-il de plus beau qu'un oiseau libre qui vole vers le soleil ? - Jean Van Hamme »

Puis j'ai rencontré l'homme de ma vie, Jean-Jacques, l'Amour avec un grand A.

Trente deux ans de vie commune, un homme en or. Un livre ne suffirait pas pour parler de lui.

Des souvenirs qui remontent dans la tête tous les jours et puis ce regret ...

Ou plutôt cette culpabilité, toujours et toujours. Pourquoi n'ai-je pas pu éviter ce drame Pourquoi, POURQUOI ! et SI ...

Si Jean-Jacques ne s'était pas suicidé, Julien serait-il encore avec nous sur la terre ?

On ne meurt pas à l'aube de ses 33 ans.

Mon JULIEN, mon bébé, la chair de ma chair. le troisième homme à être entré dans ma vie. Ce cadeau si précieux sorti de mon ventre le 24 juin 1988.

Tu étais si beau, tellement beau, il n'est pas étonnant que tu reviennes me voir sous la forme d'un oiseau.

Mes oiseaux, merci d'avoir trouvé cette passerelle. Vos plumages changent tous les jours mais je sais vous reconnaitre. Parfois j'ai envie de m'envoler vers vous, de vous accompagner, de vous suivre mais une attraction terrestre me retient.

« Il y a seulement deux femmes au monde qui arrivent à se regarder dans les yeux et penser que l'autre est la plus belle du monde, une maman et sa fille » - citation

Un amour fusionnel.

L'aimant qui me retient sur terre, c'est mon deuxième bébé, la chair de ma chair, la première femme de ma vie ma fille Marylou. Mon aimant c'est mon aimante.

Sans son débordement d'amour, je ne serais plus là sur cette terre. Sans elle, j'aurais rejoint mes hommes dans l'au-delà.

L'amour qu'il me reste à donner, il est pour elle. C'est un amour tellement pur et infini que je ne peux ni le qualifier, ni le quantifier.

« La vie est une fleur, l'amour en est le miel – Victor Hugo »

Avec ma fille, la vie est plus douce, plus sucrée mais sans mauvais jeu de mots, je ne veux pas être une maman trop collante. trop envahissante et en même temps nous partageons tellement de choses.

Nous partageons nos larmes, nos douleurs. nos colères. nos déceptions, nos ressentis mais aussi nos instants de tendresse, nos fous rires, nos dérisions, nos petits moments de délire et nos passions communes.

Je m 'en veux tellement de ne pas avoir su préserver mon fils, Julien, des chaos de la vie. Nous. parents, nous ne sommes pas préparés à voir partir nos enfants. Dans la logique des choses, ils ne doivent pas mourir avant nous.

Bien sûr que je n'étais pas prête à ces tsunamis.

Comment imaginer que son mari puis son fils puissent mettre fin à leurs jours, qu'ils puissent SE SUICIDER !

Comment vivre ou survivre à ça ?

Vivre c'est souffrir, survivre c'est trouver un sens à cette souffrance » - Friedrich Nietzsche

Marylou est une jeune femme, douce, sensible, attentionnée qui se bat chaque jour pour continuer d'avancer sur son chemin tortueux,

Je sais qu'elle continue pour moi et que ses animaux sont devenus les fondamentaux de son existence.

Harry, c'est son bébé. un Yorkshire qui va sur ses douze ans. Un petit chien qui donne autant qu'il reçoit, un condensé d'amour et de tendresse qui sait quand elle va bien ou moins bien.

Il y a également, Samira, une chatte écaille de tortue, Kimono un perroquet qui demande beaucoup de patience, ainsi qu'un poisson rouges, des oiseaux, un coq, des tourterelles et depuis peu, sa petite chienne Souky.

Une petite ménagerie dans laquelle elle essaie de s'épanouir sur sa « petite colline » comme elle dit.

Marylou aime beaucoup son petit village de campagne très tranquille, mais elle aime également la musique et l'atmosphère des festivals et des concerts, une passion commune que nous partageons très régulièrement.

Des moments de joie, de communion et de délires qui sont pour nous deux des bouffées d'oxygène. Des moments hors du temps que nous adorons.

Merci aux bénévoles qui se battent pour que ces festivals continuent d'exister et merci aux artistes (chanteurs et groupes) qui remplissent les salles de spectacle.

« Mon bonheur à moi, c'est nos moments à nous - citation »

Ma chérinette. ma Marylou, ces moments sont si importants pour nous, j'espère qu'ils seront te guider toute ta vie, tu es si jeune et si fragile. TU ES UNIQUE.

Je t'aime à l'infini mon bébé et j'aimerai que cet amour arrive à t'apaiser, qu'il puisse petit à petit gommer toute cette tristesse encrée en toi mais le chemin est encore long.

La vie ne t'a pas épargnée, avec le décès de ta mamy, de ton papy, la perte de ton papa, de ton frère adoré et les petites trahisons. Oui tu es fragile et forte à la fois

Je suis très fière de toi car malgré tout, tu te lèves tous les jours, tu vas travailler, tu entretiens ta maison et ton extérieur, tu t'occupes de tes petits animaux. tu prends soin de moi avec amour et tendresse.

Je sais que tout ceci prend toute ton énergie, tes larmes coulent très souvent sur tes joues. Tu t'excuses souvent, bien trop souvent. Tu t'excuses de ne pas être en forme, de trop dormir, de t'énerver et même de pleurer,

Mais Loulou tu as le droit, nous avons le droit de vivre et de ressentir ce que nous ressentons.

Oui, à certains moments on avance et à d'autres c'est plus difficile, plus compliqué.

La route des deuils que nous empruntons est jalonnée d'obstacles que nous devons éviter ou contourner.

Puis ces dates qui reviennent chaque année ... Le temps s'écoule doucement, inlassablement.

« Le temps, c'est la toile dont je suis à la fois l'araignée et la mouche – Jacques Lesourne »

La confiance.

« La confiance en soi, c'est croire en soi, en ses compétences, son potentiel el ses capacités. Elle nous permet d'aller de l'avant, de relever de nouveaux défis, de savoir que les échecs ne sont pas irrémédiables el que l'on peut réussir bien plus de choses que l'on ne croit.

La confiance en soi est une perception que l'on a de soi-même, qui nous permet de gérer les situations quotidiennes, de faire des choix, de réagir et de s'adapter.

Les expériences quotidiennes nous aident à la renforce, ou peuvent au contraire avoir une influence négative sur elle. - Psychologue. Net »

Marylou manque cruellement de confiance en elle, Moi beaucoup moins, ceci peut s'expliquer par la différence d'âge, bien que ce ne soit pas une règle absolue.

La confiance en moi s'est installée très progressivement au fil du temps (encore cette notion de temps et au fil des évènements.

Au décès de Jean-Jacques tout s'est effondré (j'avais toujours espéré partir avant lui) puis il a fallu avancer dans les tâches quotidiennes et prendre des décisions seule et plus en couple.

Les outils de bricolage sont devenus mes alliés, j'ai réussi à dompter le tracteur tondeuse et les petites réparations ne me font pas peur mais bien sur je fais appel aux professionnels lorsque c'est nécessaire.

Je jongle entre l'entretien de la maison et des espaces extérieurs (environ 4 500 m2), mon travail de secrétaire de mairie à temps plein, le bien-être de mes animaux [deux chattes, une vingtaine d'oiseaux, principalement des becs crochus, des poissons (en aquarium et en bassin) et mon perroquet (Vicky. la petite dernière de la maison)], l'écriture et la décoration.

J'ai une véritable passion pour la création, c'est ma façon de me détendre et de m'exprimer. Je crée des petits espaces extérieurs et surtout des objets avec de la récup (boites de conserves, bois, verre, tissu, cailloux ...) et différentes matières de décoration. Le résultat surprend souvent mon entourage et m'encourage à continuer.

Je me fais de plus en plus confiance même si parfois je doute ou que je me ramasse la figure. Mes créations me font croire en moi.

« A partir du moment où vous croyez en vous, vous saurez comment vivre – Johann Wolfgang von Goethe »

Avoir des rêves, rêver ou faire des cauchemars.

Trois choses bien distinctes :

Avoir des rêves dans sa vie. tout le monde en a plus ou moins.

Petite fille, on rêve de se marier, d'avoir des enfants ou d'avoir une vie professionnelle bien épanouie. Un petit garçon peut rêver de devenir grand joueur de football ou un chanteur. Bon j'avoue que ce sont des clichés un peu facile à imaginer, des stéréotypes à la vieille française. Enfin bref. on a tous eu un ou plusieurs rêves dans notre vie.

Rêver. C'est voir, imaginer quelque chose au cours de son sommeil.

Certains se souviennent de leur rêve. d'autres pas. Les réveils sont parfois douloureux si la réalité est à mille lieux de ce bonheur merveilleux imaginé durant notre sommeil mais la plupart du temps je pense que nos rêves sont des stimulants nécessaires à notre bien-être.

« Séparer les rêves de la vie, c'est renoncer à changer les choses – Charlotte Erlih »

Faire des cauchemars, c'est Faire des rêves causant de fortes émotions négatives dont les éléments dominant sont le désespoir, l'angoisse. l'anxiété et la peur.

Quand mes cauchemars reviennent occuper mes nuits, les mêmes thématiques réapparaissent encore et encore.

Je suis dans des lieux différents, avec des personnes souvent différentes mais moi je suis toujours dans la même situation.

J'ai un jeune enfant dans les bras et je le fais tomber. c'est horrible car je veux m'occuper de lui mais mes bras n'en ont pas la force. Je recommence, je pleure et les gens autour de moi ne comprennent pas, et moi encore moins. Parfois cet enfant se transforme en nourrisson mais même avec un poids plus léger mes bras ne peuvent pas porter ce bébé.

Ce cauchemar me fait hurler et me transperce le cœur, je suis dans un état second.

La signification de ce délire est pourtant facile à comprendre et elle fait face à ma culpabilité. Je n'ai pas su protéger mon bébé, mon enfant, mon Julien d'Amour.

J'ai l'impression d'avoir failli à mon devoir de maman. mon Juju s'est suicidé …

Je veux m'enfuir, je veux courir mais là encore mes mauvais rêves me bloquent.

Apparitions de nouveaux cauchemars en général pas dans la même nuit, Merci au régisseur de mon sommeil.

L'histoire est un peu différente, il ne s'agit plus de porter mais de marcher ou de galoper.

Là encore j'échoue, je fais deux ou trois pas et je tombe où à d'autres moments je veux courir mais je fais du sur place.

J'ai l'impression d'avoir un frein à main qui retient mon corps, qui m'empêche d'avance ou de vivre mais pourtant à mon réveil, je vis.

« La vie c'est comme une bicyclette, il faut avancer pour ne pas perdre l'équilibre – Albert Einstein »

Je vis.

Si je vous dis « je vis à nouveau » vous pensez que je suis à la septième phase du deuil.

Oui souvenez-vous :

LES PHASES DU DEUIL

1 - le choc

2 – le déni

3 – la colère

4 – la dépression et la tristesse

5 – la résignation

6 – l'acceptation

7 – la reconstruction

Moi, je vous dirais NON

Non car je n'ai pas accepté

Non car je ne me suis pas reconstruite

Je ne reprends pas ma vie à zéro. je ne commence pas une deuxième vie. je continue ma vie. le n'accepterai jamais le suicide de mon époux ni celui de fils, mais j'accepte de souffrir de leur absence. J'accepte ce vide qui est en moi et paradoxalement j'accepte de continuer sans eux car ils sont en moi.

Oui difficile à expliquer, vide ou omniprésence ? Bon sujet de dissertation. tous à vos stylos !

Je n'accepte pas le deuil. j'accepte de continuer …

Je ne me reconstruis pas, Je continue à me construire avec ce changement climatique intérieur qui bouleverse ma vie sur terre.

Ces tsunamis m'ont terriblement abimé mais je suis encore debout.

Mon présent. c'est entrevoir mon futur sans oublier mon passé.

Un passé fait d'instants « T » qui ont fait de moi la personne que je suis aujourd'hui, forte et fragile, heureuse et malheureuse, sombre et colorée.

Un être vivant qui s'est ouvert à vous sans retenue et qui vous remercie d'avoir pris un instant « T » de votre vie pour lire un bout de la mienne.

Et je terminerais en reprenant une citation quelque peu détournée.

« Je sais c'est la vie ! Mais moi, j'avais envie qu'ils restent, eux ils avaient envie de rester, ils sont partis et je ne les ai pas retenus, je ne comprends plus rien ».

Patricia

Remerciements

Un énorme merci à ma fille Marylou, la chair de ma chair. Merci ma chérinette d'être là à mes côtés pour ce combat si difficile. Nous sommes devenues si fusionnelles, je t'aime tellement.

Un grand merci au Dr Jean-Jacques Chavagnat pour la préface de ce livre et surtout pour ses heures d'écoute à son cabinet depuis le suicide de mon fils Julien.

Un psychiatre et un homme exceptionnel et tellement investi.

Merci à Olivier Lhote pour la maquette de ce livre, son aide si précieuse et sa sympathie.

Merci à Betty, ma sœur chérie, mon ange gardien des premiers instants.

Merci à vous qui avez pris le temps de lire mon témoignage.